Franz von Kobell

Gedichte in oberbayerischer Mundart

Franz von Kobell

Gedichte in oberbayerischer Mundart

ISBN/EAN: 9783743301870

Hergestellt in Europa, USA, Kanada, Australien, Japan

Cover: Foto ©Thomas Meinert / pixelio.de

Manufactured and distributed by brebook publishing software (www.brebook.com)

Franz von Kobell

Gedichte in oberbayerischer Mundart

Gedichte

in

oberbayerischer Mundart

von

Franz von Kobell.

Sechste Auflage.

München.
Literarisch-artistische Anstalt
der J. G. Cotta'schen Buchhandlung.
1862.

Seiner Königlichen Hoheit

dem

Durchlauchtigsten

Herzog Maximilian

in Bayern

ehrfurchtvollst gewidmet

von

dem Verfasser.

Inhaltsanzeige.

	Seite
Oft hängt grab' in an Auge'nl lid ec.	1
Der Pinzger = Saga	5
Der bsunderni Geist	8
Der Förschter und der Jagabua	11
D' Bliemin'	14
Der bsunderni Baam	16
's Xerdert	18
Der Traam	20
'S schlafati Diendl	23
Liebschaftsverdruß	25
Erfahrung	27
Der Verdruß	29
'S Zitterspiel	31
A Betrachtung	32
Die drei Dukat'n	34
A' Bitt' an's Diendl	36
Die Almres'n	38
A rari Birsch	41
Der Tagl und der Bubl	43
Der Wald	45
Die hartherzi' Bäurinn	48
Der Poschthalter von Unging	53
Kloa' und Groß	57
Die Zeit	59
Was gschicht, wann der Lauks timmt und was's bideut'	61
Schnaderhüpfeln	63
Der Gebirgs = Jager a'm Anstand	64
Die oa', die i' mea'	67
Berg = Name'	69
Der Edlweißbroder	71
D' Vögl	73
Der alti Jaaga	75

	Seite
Bearisch	78
Getank'n	80
Wie's halt geht	81
Jagalied	83
Schö' Ucalweis	85
Von Herzog Mar	87
Um Neuni	89
Die stoanern' Jager	90
Die Sennderinn	93
Die verliebt'n Buab'n	95
Vom altn Sollacher	98
Die Füchs'	102
Allerwei' Gott vor Augn	104
Die gefahrliag'n Wünsch'	107
Mei' Himml'	111
Pehmaiers Zitterspiel	113
Der Fuchs und der Has'	117
Der Mensch	119
Der Thaler	120
Von der Agnes-Bernauerinn	123
'S Krampstirgl	126
D' Keßlreibn	128
Die Ordnung	132
Wie's van' g'schegn is'	134
Freising und Landshut	136
A G'schicht	138
Der Jaga	140
Schutzengl	143
Guat Nacht	144
Der Fürst Löwnstei'	147
Die Hochzet von Aßling	148
Die Müll'	151
'S viert	153
Wie schaugt der Tod aus?	156
'S Gebet	159
Der Bua vo' Wimbach	160
'S adelig Diendl	163
Der Baam in Paradies	165
Der Lenks (Lenz)	167
An die Dachauerinna	169
Die Farb'	171
Der recht Wo'	174
Rea' Trost	176

	Seite
Der Gamsbjager	178
Die Prob'	180
'S Bild	182
Die Irrwurz	184
Die Teuflsmühl am Funtnsee	186
Der guati Kerl	188
Scheibnschütznlied	190
Die guatn Ding	192
Der Bocktrinker	194
Der Rußhecher	196
Der Weber bo' Ballgau	198
Die Wünsch'	205
Die Schwalbn	207
So is's bei'n uns in Bearnland	209

Erinnerungen an Berchtesgaden.

Der Schuß	215
Die Hölzer	219
Der Deppiti	223
Die übergoß'n Alm	226
Der Auerbo'	229
E Ettaler Manni	232
Dri' Laus	234
Die Verdruß	236
Bi' z'friedn davontwegen	238
Voglruaf'	240
Der Wildi	242
Die Bitt'	243
Die Teufin	244
Nothl' is nit lustl'	246
An' Aufklärung	249
Die Lieb'	250

'S schö' Lisei.

I. Wie 's schö' Lisei ihr'n Buabn mit an' Gschpiel gern zun Mo' kriegt hätt'	255
II. Wie der Vater auf decs Gschpiel ei'geht, aber sei' Willn at' bösn Hacn hat	260
III. Wie die Buabn 'n Hirsch nit kriegn, und wie der Oswald zu der seltsame' Bix kemma is	262
IV. Wie's schö' Lisei in b' Ruhn ganga is und hat den groß'n Hirsch g'segn	269

		Seite
V.	Wie's schö' Lisei 'n Stephi Au's sagt und wie der 'traamt hat	274
VI.	Wie die Birsch bei die zwoa Buabn ausganga, und was weiter g'schegn is	270

Der Fuchs 284
Der Sturm auf Belgrad. 1688 286
Aus 'n Bauernkrieg vo' 1525 290
Die Zither 293
Der Teufi in' Glaasl 294
Der Vogelfanger 297
Der Gang in's Hocheis 299
Laß ma's, wie's is 307
Der Schatz 308
'S Troab 311
Rollswilln 313
Warum d' Leut nit all' gleich reich sei' kinna 315
Jagalied 317
Von Jaaga-Hannes 319
A' Glöbnuß 322
A' Buschn Schnabahüpfin 324

Der Heuretsstoa'.

I.	Wie die Diendln z' Unterlaana in Heuretsstoa gworfa hamm	337
II.	Wie des großt Schießet in Bertlsgadn gwest is	341
III.	Wie der Mankeifranz g'eifert hat, und wie's Miedel auf Kühroint müßn hat	346
IV.	Wie zwoa Wildschütyn auf Kühroint kemma san, und was 's Miedel von die g'hört hat	350
V.	Wie die Jaga von Bartlmä auf b' Wildschütyn ganga san, und was der Mankeifranz a'gstift hat	356
VI.	Was d' Wildschütyn ausg'sagt hamm, und wie der Sepp 'n großn Jammer b'erlebt hat	362
VII.	Wie 'n Miedel auf der Alm gwest is, und wier a' Basl von Forstner die Waldschütyn gstimmt hat	368
VIII.	Wie der Mankeifranz 'n Sepp g ausam um's Leben bringa will	375
IX.	Wie 's Miedel auf Bartlmä hat geh' woll'n und wie f' ins Kirchei z' St. Johann und Paul kemma is	380
X.	Wie 's Miedel in b' Eiskapelln kemma is, und was die Gschicht' für an' End g'numma hat	385

Erläuterungen 390

Oft hängt grad in an' Aug'nblick
An' Mensch sei' Schicksal und sei' Glück.*

Es is a Dienbl auf der Alm'
Gar lusti' gwest bei seini Kalbn,
Sie juchezt frua, sie juchezt spat,
Und gfreut hat's, wer sie g'segn hat.

A saubers Dienbl, wie sie gwest,
Mit schöni Aug'n, frisch und fest
Und guat vo' Herzn aa' babei,
Sie hätt' wohl gebn a rührigs Wei'.

Sei' Schatz, schon aar a' frischa Bua,
Der geht oft ihrer Alma zua,
A' guata Schütz und fast verwegn
Und hat an biem aa' wildern mögn.

* Um das Lesen nicht zu sehr zu erschweren, konnte im Texte nicht Alles so geschrieben werden, wie es gesprochen wird. Wer den Dialekt kennt, wird die nothwendigen Correktionen leicht machen können. Siehe übrigens die Erläuterungen am Schlusse.

Und daß er just so voller Schneid,
Dees hat die Sennbrinn woltern gfreut,
Denn der grad loami lebe'n will,
Gilt bei di Diendln ninderscht viel.

Und wo ma aussicht von da' Höh'
Auf Schliers und abi auf'n See,
Da habn's oft grad gscherzt und g'lacht
Und Gsangln auf ananbe' g'macht.

O hätt' dees armi Diendl g'wißt,
Was sie no All's derlebn müeßt,
Und wie's an dieweil'n kemma ko',
Sie hätt' ja nie an' Juchzer tho'.

Amal, 's is gwest a Wetanacht
Und goßn hats und blitzt und kracht,
Da klopft's an ihra Hüttnthür,
„Thu' auf und laß mi ei' zu Dir!"

Wie froh springt sie von Kreister 'ra',
Dees is ihr Bua, ja er ist da,
„"Und bei den Weta kimmst zu mir,
„"Grüeß Gott, ah dees freut mi vu' Dir.""

Und lusti blast sie 's Feuerl o',
Er aber schaugt sie gar nit o',
„"Was is's denn, ho' bi' nie so gsegn?"" —
„Sey staad, es is a 'n Unglück gschegn."

„„Du liebi Frau, was hast da g'sagt,
„„Du hast ma jetz' an' Schricka g'macht,""
„Ja ja, an' Unglück, hör' mi o',
„Muaß no in dera Nacht davo':

„Bin ganga auf an' Zehnahirsch,
„Auf den i' woltern lang scho' birsch',
„Und wie i' schleich' auf b' Liecht'n für,
„Da steht der Förschta z'nachst bei mir,

„Und fahrt mi'n Stutz'n glei in' Wang,
„Natürli wart i aa' nit lang,
„Bei mir schnallt's eh', — du lieba Gott,
„Er rührt si' nimma, er is todt!"

Da' hebt da' Bua b'Händ für sei' Gsicht
Und 's Dienbl woas nit, wie ihm gschicht,
D'rauf sagt er no: „Jetz' bet' für mi,
„Zun letzt'nmal heunt sich i bi."

Und stürzt davo' in Sturm und Reg'n,
Sie hat 'n weita nie mehr gseg'n,
Und seit der Stund, daß sie dees ghört,
Hat s' Sorg und Kumma schier verzehrt.

Und todt is 's worn auf der Alm',
Koa Kranz ziert mehr a Kuh a Kalbn,
Da juchezt koa Dienbl auf den Platz
Und macht koa Gsangl auf sein Schatz.

Und sie, gar krank, werd nimma g'sund
Und bet' bis an ihr letzti Stund'
Für den, der s' in dersell'n Nacht
Hat vor'n Tod um's Leb'n bracht.

So hängt oft in an' Aug'nblick
An' Mensch sei' Schicksal und sei' Glück!

Der Pinzger Jaga.

Es hat a Jager in Pinzgerland
A Diendl g'liebt von guat'n Stand,
Sie hat ihm aa' wohl freundli' tho'
Und er halt' drum bei'n Vatern o'.

Da Vater aber, a harta Mo',
Der hört 'n gwalti finster o',
Und hebt an' stoanern Kruag in d'Höh'
Und sagt: „Gib Acht und wohl versteh',

„Bringst du mir an' Kruag, wie der von Gold,
„Mei' Diendl dei' Wei' wohl wer'n sollt',
„Boneh'n i aber den Kruag nit ho',
„So red'n ma weita nimma davo'."

Den arma Buabn werd's warm und kalt,
Er geht verzweifelt 'naus in Wald,
Da steht a Kreuz alt und vermoost,
Da kniet er nieder und bet' um Trost.

Und schaugt voll Kumma himmelwärts
Und allwei schwara werd ihm 's Herz,
Bis spat für ihn aa' kimmt a Ruh
Und Schlaf schließt seini Aug'n zua.

Und in der Nacht, da traamt ihm schee',
Er saach a schneeweiß' Gambsei steh',
Und an oan Lauf, a seltsam's Ding,
Da glanzt und blinkt a goldner Ring.

Er schießt und wie er's troffa hat,
Da is ihm bsunders gwest und grad
Als waarn Hochzetleut' beisamm'
Und er sein Schatz sei' Bräutigam.

Und eh' no geht die Sunna auf,
Da is da' Jager aa' schon auf,
Und denkt, was wohl der Traam bideut'
Und birscht an' Berg 'nauf gegn b' Schneid'

Und drob'n auf der höchst'n Höh'
Sicht er a Gambsei, weiß wie Schnee,
Und an oan Lauf, a seltsam's Ding,
Da hat's den traamt'n goldern Ring.

Da birscht er si' wohl fleißi o',
's Gambs aba ziegt gar g'schwind davo',
Und führt' 'n allweil tiefer 'nei'
In b' Berg bis z'nachst hin nach Gastein.

So birscht er wohl zwoa ganzi Tag,
Koa Steig'n acht' er und koa Plag,
Am dritt'n endli in da' Frua
Kimmt er auf hundert Schritt' dazua.

Und schießt, daß 's weit in Berg'n hallt
Und 's Gambsei stürzt und abi fallt,
Und mit oan Lauf nett hat's es g'fangt,
Sunst hätt's es g'worfa üb'r a Wand.

Und in an' enga Fels'nspalt,
Da steckt der Lauf, der 's Gambsei halt',
Und schau, rundum glanzt überall
Der Fels von lautern Goldmetall.

Dees Gold is gwest der 'traamte Ring
Und hat den Buabn wohl g'freut des Ding,
Er dankt sein Gott für so a Glück
Und für sei' wunderbarlis G'schick.

Jetzt hat er bald wohl mehr als gnuag,
Da leidt's ihm aa den goldern Kruag,
Den bringt er hi' den hart'n Mo'
Und führt sein Schatz als Braut davo'. ...

In Rathhausberg bis auf die Stund'
Baut ma dees Gold von selln Fund,
Drum denk' an j'der Jaga dro',
Daß mar aa' was dabet'n ko'.

Der bsunderni Geist.

'S san gweſt auf da' Spitzing* drei Dienbln beinand,
Die hab'n oft ghoangaſcht und plauſcht mitanand,
Und amal hat die oa' von an' Geiſt verzählt,
Der no' ſollt wandeln auf dera Welt
Und der d'Leut öfter vermögli' g'macht
Und hat ihna prächtigi Sachen bracht.
Aber oans, ſagt's, dees is bſunders babei,
Es ſoll'n g'rad die von ihm was g'winna,
Die, wie er will, mit ihm reb'n kinna.
A Narr! ſagt die Jüngſt', dees war jetz a Kunſt,
Da redet i do' nit leicht umaſunſt,
Denn reb'n moant's, grad wie oana will,
Wann's deutſch waar, dees bedeutet nit viel,
Und denkt ihm, wie ſ' 'n wollt ebba fanga
Und was er wohl reb'n thaat und verlanga.
Steht nit lang o', kimmt a Jager zu ihr,
A frember is's gweſt, nit aus der Revier,
Der hat an der Seit'n a Pulverhorn trag'n,
So prächti und fei, ma ko's nit ſag'n,

* Alm bei Schlierſee.

Ganz schwaar von Gold und b'setzt mit Stoa'
Und g'schaugt hat 's Dienbl grad groß und kloa'.
Der Jager der kent' ihm a Pfeiferl o',
Und hat weita ganz verträuli tho';
Und wie s' so a weil mitanander red'n,
So sagt er: Dees Horn, gelt, dees thaft mögn?
Sagt 's Dienbl: Wahrhafti, da waar i wohl reich
Und waar mir in Dorf koan' oanzigi gleich.
Woaßt was, sagt der Jaga, mir macha a Gschpiel,
Verlier'n ko'st nix, aba gwinna gar viel,
Mir red'n mitananb' und i wer' di' viel frag'n
Und du derfst nit Ja und nit Na dabei sag'n,
Und sagst du nit Na und sagst aa nit Ja,
So g'hört dir dees gülbene Hörnl da.
Es gilt, sagt 's Dienbl und lacht dazua
Und denkt ihm, dees is a lustiger Bua.
D'rauf er: „Hast nie no an Bär'n gsegn?"
„„Mei' Lebta nit, is mar aa nix dra' glegn.""
„Es is oana da, 'ho' b'Führt heunt g'fund'n."
„„So so, habn's dir ebber oan aufi bund'n.""
Da lacht er und sagt: „Ja bild'st da' du ein,
„Ha Narret, dees gülbene Horn g'höret mei'?"
„„Was denn, sagt 's Dienbl, des kunnt wohl sey'.""
„Ja sicht denn a Jager an' Fürst'n gleich?"
„„Es seyd's koa Jager, Es seyd's wohl reich.""
„Na Dienbl, dees Horn des g'hört mein' Herrn,
„Daß i 's heunt trag', is a b'sunderner Stern,
„Weil aber mei' Herr so gar viel frumm,
„So wett' i, er gebet birs willi b'rum,

„Thaatst ihm grab a Kloanigkeit versprecha,
„Natürli durfst bei' Wort nit brecha,
„I moa', wurst no grab a Klosterfrau —"
„„Na, na, sagt 's Diendl, dees waar ma z'schlau."
Da hat's bei dem Na an' Pumpser tho'
Und furt mit sein Horn is' der Jagersmo'!

Jetz hat's dees Diendl wohl sakrisch gschmerzt,
Daß's hat so balket sei' Glück verscherzt, —
Sie moant, an andersmal waar s' wohl g'scheit
Und wur' selli Sachen so leicht nit nemma, —
Der Jagersmo' aber is nimmer kemma!

Der Förschter und der Jagabua.

Was soll i thoa, hat g'sagt der Bua
Zun Förschter zu sein Herrn, —
Dessell' is gweft an' alter Mo',
Brummt: Werscht es inna wer'n;
„Jetz gehst amal auf's Möj'l 'naus,
„Da hat's a scheeni Lack',
„Es stenga dir viel Ant'n auf;
„Du feihst den ganz'n Pack,
„Denn i mag sag'n, was i will,
„Du laßt da' do' nit Zeit,
„D'rum blenk'lst aa in Nebi 'rum,
„So geht's bi junga Leut.
„D'rauf lad'st und gehst 'n Hölzl zua,
„Da liegt a junger Has,
„Nett auf'n Spitz, hart an da Gruab,
„Da duckt er si' in's Gras,
„Auf siebn Schritt, da steht er auf,
„I woaß scho, was 's bideut',
„Du schieß'st a Loch in Bod'n 'nei',
„So geht's bi junga Leut.
„Jetz' braahst bei Stutz'nläufi auf

„Und gehst in groß'n Schlag,
„Da thuat si' gern a Rechbock um,
„Kimmt no' bei'n hell'n Tag,
„Du setzst di' hi' zu'n Felberbaam,
„Er kimmt da' gar nit weit,
„Wann's g'schnellt hat, hast 'n wieder gfeiht,
„So geht's bi junga Leut.
„Ade, um neuni bist dahoam. —"
Da geht da' Bua davo',
Ganz fuchti über selles G'red
Und über den alt'n Mo'.
Und wie er so verdrießli geht,
Da steht am Weg a Haus,
Da schaugt a Dienbl jung und frisch
Am Thor bei'n Tenna 'raus,
Die rueft ihm zu: „woaus so g'schwind,
„Wie? kehr' a bis'l ei';"
Der Bua laßt's ihm nit zwoamal sag'n
Und geht in d'Tenna 'nei'.
„Wie?" sagts', „geh', hilf ma mit mein Flachs
„Und brich a bis'l mit."
„„Ja wannst mar a Paar Bußei'n geist,""
Und sie verredt ihm's nit.
Da bricht er Flachs und scherzt mit ihr,
So is a junger Bua,
Und wie'r er von sein Herrn verzählt,
So lachen's ihna gnua.
Und über selles Zeug und G'schpiel,
Da geht die Zeit g'schwind um

Und wie's um's Dunkelwerd'n gweſt,
So kehrt er wieder um
Und thuat ganz ärgerli dahoam.
„Was is's jetz, gront der oa',
„Wo is bei' Ant' und Haſ' und Bock,
„Kimmſt ebba gar alloa?"
„„Meinoab, Ees müeßt's, hat g'ſagt da Bua,
„„A Herrnmoaſter ſey',
„„Daß's All's a ſo berrathn kinnt's
„„Und nett trifft's allzeit ei'.""
Da lacht' der Alt, 'hat's nit oft 'tho',
Dees aber hat'n g'freut, —
An Buabn a a' ſcho', ſchau ſo geht's
An biem die alt'n Leut'!

D' Bliemin'.

'S Diendl is in' Gartn' ganga
Hat mit seini Bliemin g'redt
Und hat tho' als wann an' j'ds aa',
Zun Versteh' des Rechti hätt'.

„Du, sagt's zun an' braun'n Naagerl,
„Geh' ma' nit z'viel ausananb',
„Bist jetz' nett als wier i's gern ho'" —
Und hats g'streichlt mit der Hand.

Zun an' weißn sagt's: „Ah Narret,
„Schaugst in b' Welt du aa' scho' 'naus,
„Hast no' gestert g'hütt' bei' Kammerl,
„Lustiger, gel', is's herauß'."

Zun an' kloan'n g'spreckt bloachn
Sagt's: „Du schaugst ja trauri' drei',
„Hat dir b' Farb' nit langa mög'n,
„Gel'? — thuat nix, bist do' die mei'!"

Und na' sichts a' jungi Rosn,
„Grüß di' Gott, ah du bist schö',
„Waar i' Braut, du gar mei' Liebi
„Müßt' heunt mit zum Buabn geh'."

Und sie sagt's und sagt na' nix mehr,
Hat leicht an 'was Anders denkt,
Leicht an Dan' vo' dem se's freuet,
Hätt' er ihr a' Bliemi g'schenkt.

Hat da drüber Alls vergessn,
Mit die Bliemi'n nix mehr g'macht,
Grad die Rosn, die bra' schuld gwest,
Hat s' gedankevoll bitracht'. —

Schau, es hoaßt wohl, b' Lieb' macht schwaatzn
Und wie s' b' Wort no' findn thaat,
Mei' ja! aber oft a' Diendl
Macht s' dafür aa' mäuslstaab!

Der bsunderni Baam.

Bei'n Förschter, bei an kluag'n Mo'
Halt' oana um sei' Tochter o',
Der Förschter sagt, es kunnt wohl sey',
Daß i mein Will'n gebet drei',
Wann du an' Baam mir nenna ko'st,
Den i no nit verzoachn't ho'
Und den ma hierrum segn ko',
Verstanden? — Au weh, denkt der Bua,
Der Baam macht b'Heurath schwaar,
Er schreibt an' j'di Staudn auf,
Wo der no' zfind'n waar;
Ganz trauri geht er um und um
Und schaugt und denkt si' halbet dumm,
Es is grad gwest, als sollts nit sey',
Und ihm fallt halt der Baam nit ei'.
A Freund, der sicht sei' Traurigkeit
Und fragt 'n drum, was ihm denn feiht,
Dem hat er halt sei' Kreutz verzählt,
Was für a Frag' der Förschter g'stellt.
„Ha, sagt der oa', mir fallt was ei',
„Vielleicht kunnt's dengerscht tauglam sey',

„Schau, wann er's just nit übi naahm
„Und nennet'st ihm — an' Burzlbaam!
„Den ko'st ihm zoagn alli Tag
„Und wo er 'n no grab segn mag
„Und daß er den verzoachnt hat,
„Dees glaab i nit, so waar mein Rath." —
Jetz kimmt's den Buabn wie a Schei'
Auf oamal in sei Denka 'nei',
Er tanzt und springt und juchezt nett,
Als wann er an' Punktn troffa hätt
Und laaft, was er no laaffa ko'
Und meldt si' da bei'n Förschter o'.
Und wie er jetz so vor ihm steht,
Halt er a langi feini Red'
Und sagt von wegn denselln Baam,
Es waar' ihm kemma wier a' Traam,
Daß oaner nit in' Büchl staand,
Und den ma bengerscht überalln saand,
Den er ihm zoaget alli Tag
Und wo er'n no grab segn mag,
Und wann er's halt nit übi naahm,
So nennet er an' Burzlbaam. —
Da hat der Förschter freili g'schaugt. —

's Lercherl.

Es singt a' Lercherl in der Luft,
Singt hoch und frei, wie's mag,
Und singt gar sorglos und gar froh,
Heunt werd a schöner Tag,
A schöner Tag!

Es sitzt a' Mauser auf an' Baam.
Der bild't si' wohl 'was ei',
Er steckt si' in sein' Federbalg,
Wie in a' Wildschur 'nei',
Schaugt fürnehm drei'.

Jetz' draaht er seini Augn auf,
Hat 's Lercherl gschwind d'ersegn,
Und daß's so lusti' singt und thuat,
Dees hat er gar nit mögn,
Vo' Bosheit wegn.

Ja Lercherl, 's werd a' schöner Tag,
Wem aber werd er's wohl?
Werd's nit für di' du armer Narr,
Der 's andri singa soll
So hoffnungsvoll.

Der Mauser schwingt si' höcher 'nauf
Als du, so is der Gang,
Und macht an' Fahrer wie a' Pfeil
Und hat di' scho' in Fang,
Aus is der Gsang. —

Und so viel Lercherln geht's a so! —
Mei' Flintn gebt's ma' her!
Der Teufi soll die Mauser holn,
I' leid' meinoab koan' mehr,
Mei' Flint'n her!

Der Traam.

Es hat amal an' Diendl traamt,
Sie hätt' si' in an' Wald verganga,
Und is ihr da, hat nie g'wißt wie,
A Graus'n kemma und a Banga;
Und wie se si' so g'forcht'n hat,
Da hört s' in Laabern 'was rebell'n,
Und kimmt a Wolf nett auf sie her,
Als wollt er ihr n' Weg verstell'n.
Und in der Angst da hat sie g'lobt,
Zu'n Birkastoa' a Wallfahrt z'macha,
Da is der Wolf gar g'schwind davo'
Sie hat scho' gmoa't, er hätt' s' in Racha', —
Und wacht na' auf und hat wohl g'schnauft
Und hat lang denkt an ihra Traama
Und an den Wolf, und wie's wohl waar,
Wann s' ebber amal so 'zammakaama.
Und ob s' die Wallfahrt macha sollt',
Hätt s' freili grad in Traam versprocha,
In selli Sach'n aber moant s',
Da waar halt leichtli' 'was verbrocha.
Sie fragt an' Holzknecht, der hat oft

Sein Retsl 'kocht in ihra Hütt'n,
Der ab'r is gwest a Teufisstrick.
Koa Freund von Bett'n und von Bitt'n.
„Jetzt roas' mit deiner Wallfahrt da,
So sagt er, is da' ja nix g'schegn,
„Was werst benn bett'n weg'n an Wolf,
„Hast beiner Lebta' no' koan g'segn." —
Dees Dienbl aber, woltern frumm,
Hat denkt, es kunnt' ja nie nix schab'n,
Wann s' ebber gaang, sie kaam so mehr
Bei unsrer lieb'n Frau in Gnab'n.
So geht s' halt hi' gon Birkastoa'
Und thuat ihr' Anbacht wohl verricht'n,
Und fröhli' na' geht s' wieder hoam,
Hat' denkt an manchi Wunderg'schicht'n.
Und wie s' am Kuhzack * auffi kimmt,
Da thuat der Holzknecht Baam ausstocka,
Der lacht s' wohl aus und sagt dazua:
„Host oan dawischt an' Wunderbrocka?" —
Kaam aber, baß dees Wort heraus,
So rühr'n si' die nächst'n Bosch'n,
Und wüethi' rumpit her a Wolf,
Da ist ben oan ber Muath verlosch'n,
Da san s' wohl g'loffa alli zwee,
A Wolf ko' aber besser laaffa,
Den kimmst nit aus, wann er grab mag,

* Berg zwischen Tegernsee (Egern) und Schliersee. Der Birkenstein ist eine Wallfahrt bei Fischbachau.

Hilft aa' koa' Wihr'n und koa' Raaffa.
Und schau den' Diendl thuat er nix,
Dees so viel frumm gweſt in sein G'wiſſ'n,
Den Holzknecht aber hat er packt
Und hat 'n grauſamli' zerriſſ'n.

No' heuntig's Tags, wie Alles g'ſcheg'n,
Ko'ſt auf an g'molt'n Taferl ſeg'n,
Dees hängt dort in den heiling' Haus
Am Birkaſtoa' in Gang heraus.

's schlafadi Diendl.

Es schlaft a Diendl untern Baam,
Daneb'n liegt ihr Huat,
Der Tag is warm, bei'm Baam is's kühl,
Sie schlaft so süeß, so guat. —

Da kimmt a Jager aus'n Wald,
An' alter finst'rer Mo',
Der schaugt bees Diendl in sein Schlaf
Grad in Vorbeigeh'n o'.

Auf oamal aber kehrt er um,
Jetz steht er lang vor ihr,
Auf's Mieder schaugt er, g'fallt ihm g'wiß
Da dra' bees reichi Gschnür.

Er werd' ja bo' koa Rauber sey'
Und werd' ihr ja nix thoa,
Is ja a bluatjungs Diendl no',
Und grau is scho' der oa,

Na schau, er geht und thuat ihr nix
Und do hat 'n was druckt,
Er hat si' hinter'n Ohrna kratzt
Und 's Hüetl hat er g'ruckt. —

Liebschaftsverdruß.

Gel suchti, sagst, is er mei Bua
Und thuat's vorübi nehma,
Daß i gar nie alloani bin,
So oft er aa' mag kemma,
Er moant, i trauet ihm nit recht,
Thaat's selber a so mög'n,
Und waar mir weiter nit gar viel
An seiner G'sellschaft g'leg'n;
Wahrhafti, i ko' nix dafür,
I wollt's ihm scho' verzähl'n,
Es paßt ja Alles auf mi auf,
Als wur' er mi glei stehl'n. —
Mei' Vater schlaft des ganzi Jahr,
Kann aber niemaln schlafa,
Wann er an' Buabn bei mir mirkt,
Da hat er glei was z'schaffa, —
Mei Muatter is als wie a Pasch,
Is überall voll Aug'n,
Und thaat a Bußei auf drei Stund'
In Nebi no daschaugn;
Mei' Bruader is als wie a Fuchs,

A Moaster in Verwind'n,
Ja wenn da' Bua vergrab'n waar,
I glaab er thaat 'n find'n.
Und san die andern alli furt,
Is oani nit zu'n zwinga
Mei' Schwester, die is wie'r a' Zeck,
Gar nit zu'n weitabringa, —
Geh', sag's ihm halt, es soll 'n do'
Nit gar a so verdrieß'n,
Ja sey so guat und sag' ihm aa',
I laß'n recht schö' grieß'n.

Erfahrung.

I hon amal an' Krebsn g'fangt,
Der Krebs der hat mi' biß'n,
I ho' ma denkt, dees g'schicht ba' recht,
Was muaßt aa Alles wiß'n,
Was geht denn di' dees Krebs'n o'
Und ho's mei' Lebta nimmer 'thr'.

I hon amal a Rößl 'kaaft,
Dees hätt' mi' g'freut zun reit'n,
Weil aber i koa Reiter bin,
So schnellt 's mi 'ro bei Zeit'n,
I denk' ma, reit' wer reit'n ko',
Und ho's mei' Lebta nimmer 'tho'.

I hon amal a Gschpielei g'macht,
Ho' woltern viel verlor'n,
Die Andern hab'n d'rüber g'lacht,
Do hon i 's glei' verschwor'n,
Und als a kluaga g'scheuter Mo'
Hon i 's mei' Lebta nimmer t'ho'.

J' hon amal a Diendl g'liebt,
A' Diendl, schö' zu'n freß'n,
Die hat mi' für'n Narr'n g'habt,
Da denk' i' muaßt's vergeß'n,
Und schau', i, der schier Alles ko',
Des kon i nit, denk' allwei' b'ro'.

D'rum mit an Krebs'n, mit an Roß
Ko'st freili' was probir'n,
A Gschpielei schad't dar' aa' no' nix,
Werst nit an' Kopf verlier'n,
No dees! fang' mit koan Diendl o',
Da Freundelein kimmst nit davo'!

Der Verdruß.

„Was gront benn heunt ber Vater,
„Grab brumma ko'ſt 'n hörn,
„Juſt hat er g'haut ſein' Dazl,
„Den hat er ſunſt ſo gern,
„Nix taugt ihm hint' und vorn,
„Gar nix in ganz'n Haus, —
„Daß 's Raappi wieder krumm geht,
„Dees macht ihm bo' nix aus,
„Jetz' hat er 'n ja nit nöthi',
„Denn 's Groamet is herinn,
„Na' wußt' i' nit, was fehlet,
„Was hat er geh' in Sinn?
„Er kimmt! ſeyd's ſtaab Ees Kinda!" —
Da rucka b' Kinda 'zamm,
San mäuſlſtaab und gaffa,
Was werd er ebba hab'n? —
Der Alti putzt ſein' Stutzn
Und ſtößt 'n in an'‿Eck,
Und hockt ſi' hinter 'n Ofa
Und jagt 'n Dazl weg.
Es is ſcho' woltern ſpat geweſt

Und endli' schlaft er ei',
Da schleicht des kleansti Bübi
Staad auf die Zechen 'rei',
Und bischpert zu die andern,
„I' woaß scho', was's bideut't,
Es is nit wegn 'n Raappi,
— An' Gampsbock hat er g'feit!" —
„„Ja jetz!!""

's Zitterspiel.

Meinoab es is a gschpassig's Ding
Da um dees Zittergschpiel,
Werd' oaner oft so woach dabei,
Dees sag'n da' gar viel,
Und do' so schö' und lusti is's,
Du moanst es kunnt nit sey',
'S is, wie wann oane lacha thaat
Und woanet bengerscht b'rei'. —
J hon amal deßweg'n g'fragt
An' g'schickt'n Musikant,
Der sagt, die Zitter macht verliebt,
D'rum reißt's enk an' Verstand,
Da kimmt's die Junga trauri für,
Die no' nit All's berroacht,
Vor lauter Lieb' und Narretei
Werd' ihna 's Herz dawoacht,
Und bei an' Alt'n is's a so,
Kimmt er amal in Schwung,
So moant er, waar's no' nit vorbei
Und waar er wieder jung!

A Betrachtung.

Es sitzt a Diendl vor sein Haus,
Sie schaugt so trauri in d'Weit'n 'naus,
Mit nassi Aug'n schaugt's a so drei',
Was muaß benn den trauringa Diendl sey'?

Sie hat a Briefei in der Hand,
Dees kimmt leicht gar aus Griechaland,
Weil's all'n verstocha, was steht wohl d'rinn,
Macht bees an' Diendl den trauringa Sinn?

Sie hat an Finger a glanzebs Ding,
Es is a Ring, a goldner Ring,
Den schaugt s' wohl aa' mit Schmerz'n o',
Hat ebbe der Ring den Diendl was tho'?

Sie ziegt von Hals a Tüechei fei',
Soll denn da b'ra' was b'sunders sey',
Is schwarz und a roth's Stroasei d'ro',
Sunst sichst ihm weiter gar nix o'.

Und wie's dees Tüechei so betracht',
So hat's es gar zu'n Woana bracht,
„Ja schwarz, hat's g'sagt, und bluetiroth,
„Es hat bideut' sei' Grab und Tod." —

Koa Freund ko' dees und koa Brueder nit seh',
Um den schaugt so sehnli koa Diendl d'rei,
So hat halt wieder amal die Lieb'
A Leb'n g'macht so trauri und trüeb.

Seit i dees armi Diendl g'seg'n
Und wie ihm so viel hart is g'scheg'n;
Seitdem kon i's halt nit versteh',
Daß über d'Lieb' sollt' gar nix geh'.

Da sag'n s' glei gar, daß Alles laar
An Glück auf der Welt, wann d'Lieb' nit waar,
Sagt's, was enk freut und i glaab All's,
Aber bleibt's ma mit enkerer Lieb' von Hals!

Die drei Dukat'n.

An' arma Bua hat Schwammerln brckt,
Hat lusti babei g'sunga,
Sei' Jobler hat in still'n Wald
Gar weit und fröhli klunga.

Auf oamal aber is er staad,
Warum? was is denn g'scheg'n?
A glanzeb's Beuterl an an' Baam,
Dees hat er lieg'n seg'n.

Da san gwest drei Dukat'n b'rinn,
Da macht der Bua wohl Aug'n
Und schaugt und braaht s' und zählt s' gar oft,
Dees Beutei that ihm taug'n.

G'schwind laßt er b'Schwammerln Schwammerln sey',
Und geht in oan Studir'n,
„Was fangst mit bie Dukat'n o',
Jetz willst a Leb'n führ'n."

Und was'z um an Dukat'n is,
Dees hat er bald b'erfahr'n,
Es hat den oanzing Hack'n g'habt,
Daß 'z halt so weni war'n.

Dees Geldl hat si' g'schwind vertho',
Hat si' gar bald verlor'n
Und arm, ja ärmer als vorneh',
Is'z Büebei wieder wor'n.

Da hot er halt wieder Schwammerln brockt;
Hat aber koa Jodler klunga,
Sunst war er nit so mäus'lstaab,
Warum hat er denn nimmer g'sunga?" —

A' Bitt' an's Diendl.

Herzliebster Schatz
O hör' um was i' bitt',
Wann b' an an'. Buabn denka willst,
Gel' mi' vergiß fei' nit,
Denn thaatst mi' ganz vergeßn,
So kunnt' an' Unglück g'schegn,
Leicht brechet ma' mei' Herz vonanb',
Ja ja bu wur'st es segn.

Herzliebster Schatz
O hör' um was i' bitt',
Gel' daß b' mi bo' a bißl magst,
Dessell verrebst ma' nit,
Denn thaatst ma' bec' 'rrebn,
Gaang' all' mei' Hoffa z' Grund,
So wahr i' bei' mit Leib und Seel',
I' lebet mehr koa' Stund.

Herzliebster Schatz
O hör! um was i' bitt',
Wann b' just an' übrigs Bußl hast,
So mach mi' froh damit,

Na' machst koan schlechtn Handl,
I' steh' bir guat dafür,
Denn um a' Bußl schau vo' bir
A' Duze'd kriegst vo' mir.

Die Almros'n.

„Willst du mei' Hand, muaßt aa' was wag'n
„Nix werth waar s', sollt'st di d'rum nit plag'n,
„So steig' ma 'nauf auf selli Wand,
„Die schirfest weit in ganz'n Land,
„Und suach ma dort an' Hochzetstrauß
„Von frischi Almros'n 'raus,
„Und setz' a Kreutz als Zoacha hi',
„Daß i fei' nit betrog'n bi'."
So sagt a Diendl stolz und schee
Und hoaßt 'n Buabn schneidi geh'. —
Der Bua, verliebt, waar ganga nett
Durch's Feuer, wann's 'n's g'hoaß'n hätt',
Er bind't ihm g'schwind a Kreutz'l fei',
Nimmt d'Eisen in sein Rucksack 'nei',
Und geht dahin in lustig'n Sang,
Wer woaß, vielleicht den letzt'n Gang. —
Bald steigt er durch a wildi Klamm
Auf selli Wand in Gottes Nam'. —
Jetz halt' er, schau' just mitt'n d'rinn,
Da waar'n Ros'n nach sein Sinn,

Waar ar a Platz, da saach ma schee'
Dees Kreutzl scho' von weit'n steh'.
Wie aber kimmst jetz geh' da 'nei',
Wag's nit, es kunnt bei' Unglück sey'! —
„Und waar's mei' End', no frisch voro',
„Was oaner will, aa oaner ko'!"
Und allweil schiecher werd die Wand,
Koa Latsch'n find't da mehr sei' Hand,
Die kalt'n Stoa, die packt er o',
Und allweil höcher hängt er d'ro;
Auf oamal is koa Halt'n mehr,
A glatti Platt'n die geht her,
Und schaugt er abi, kimmt's ihm für,
Als waar er scho' verloren schier.
Von Abasteig'n is koa Red',
'Nauf muaß er, wo er amal steht.
Da kimmt ihm, schau er woaß nit wie,
An' Angst und 's Zittern in die Knie,
Jetz' g'schwind! dees Zoacha bees is bös',
No frisch an' Sprung, no lüfti leck
Da 'nüber auf des Felj'neck
Und pack' den Ros'nbüschl fest,
Da halt di sei', daß 's di nit prellt
Und di der Sprung nit abi schnellt!
Da springt er, Gott in Himmi! horch!
Die größt'n Stoana gengen o,
Des ganze Felseck rafflt ro,
Und mit die Ros'n in ba' Hand
Stürzt er in' Grab'n von ba Wand. —

Am Achensee herunt' in Thal,
Da is a Grab, du kennst es bal,
Es wachs'n Almros'n b'rauf,
Und d'rüba schaugt a Wand hoch auf,
Dort liegt der armi guati Bua,
Dort liegt er in der ewig'n Rua,
Und steht des Kreutz no heunt dabei,
Dees er als Zoacha seiner Treu
Für's Diendl trag'n auf die Wand,
Die schirfest weit in ganz'n Land.

A rari Birsch.

A Bettlerinn, ganz verlumpt und alt.
Is an' Jager begegnt in an' groß'n Wald
Und hat 'n schö' grüeßt und betlt dabei;
Er aber hat gsagt: Du Her' von an' Wei',
Woaßt nit, wann oaner zum Jag'n geht
Und ihm auf 'n Weg so a Schachtl steht,
Daß dees an' Jager an' Unglück bideut'?! —
„„Geh weita', sagt 's Wei, Ees seybs nit gscheut,
I hon a kranki Tochter dahoam
Und geh' bald selber scho' aus 'n Loam,
Geh, schenkts mer an' Pfenning, i bitt' Enk schö',
Sollts do' nit umsunst zun Jag'n geh'.""
„Seh da hast an Kreuzer, jetz' gehst aber glei,"
Hat der Jager drauf g'sagt zu den lumpetn Wei',
Und wie sie ihm dankt, so sagt s' ihm aa' no',
„„Gebts Acht, Ees sollts was hab'n davo':
„„Es stenge' in Wald wildi Birnbaam,
„„Da woaß i was Bfunders, Ees glaabts es kaam,
„„Gehts nit auf an Rechbock und nit auf an Hirsch,
„„Machts heunt auf die Birnbaam grad a Birsch,
„„Und wo sie davo' oaner rühr'n thuat,

„„„Da birtſchts Enk a', die Birſch is guat,
„„Und bin i wahrhafti koa ehrli's Wei',
„„„Habts nit a groſzi Gaudi dabei."""
Da geht ſie dahi'. Der Jager ihm denkt,
Die hat dir amal a Vertraua g'ſchenkt,
Sie moant, biſt a Narr und wandlſt in Traam,
Was waar denn a Birſch'n auf b'Birnbaam! —
Und wie er ſo weiter in Wald 'nei' geht,
So kimmt er hi', wo a Birnbaam ſteht,
Da fallts ihm wohl ei' und ſchaugt 'n lang o',
Es hänga halt lauſige Birnln b'ro;
Sunſt nix, aber ſchau! nit weit davo,
Da rührt ſi' an anderer, wer hot bees tho?
Kimmt niemand daher und geht koa Wind,
Da birſcht er ſi' a', gar ſtaad und g'ſchwind.
Und wie hat er gſchaugt! da ſteht dir a Bär,
Der beutlt dees Baamei gar g'walti her
Und ſchütlt ſi' Birn, — da meſzt wohl der oa,
Als ſollt' er um's Erſchti an' Ritterſchuſz thoa'.
Und wie's ihm hat taugnt und wie's hat 'kracht,
Hat richti' der Brau' 's Teſtamentl g'macht.
Und wer was verſteht von der Jagdbarkeit,
Der kann ihm denka dem Jager ſei' Freud. —

Die Gſchicht' is gſchegn, wie i ſ' da verzähl',
Vor etlichi Jahr in der boariſch'n Zell.

Der Daxl und der Pudl.

Es hat a' Daxl gar nix g'lernt,
Als Belln grab und Freßn,
Hat nix von andri Künstn gwißt,
War aa' nit b'rauf versessn,
Der Daxl hat a' Leben g'führt
Ja raar und ohni Kumma,
In Winter hinter 'n Ofa gschnarcht
Und Muckn g'fangt in Summa;
Er is gar fleißi gfüttert worn,
Was sollt' er Hunger leib'n,
„Gel' Daxl, magst halt aa' dei' Sach',
Hast aa' so deini Freudn." —
— Es hat a Pudl zeiti scho'
Gar viel Verstand verrath'n,
Hat um a' jeds Apportl tho',
Als waar's der besti Bratn,
Dem Pudl hat ma' wohl 'was zoagt,
Und hat er's nit begriffa,
So is ihm Peitsch'n oder Stock
Gschwind über 'n Buckl 'pfiffa:
Ma' hat ihm weni' z'freß'n gebn,

„Der Schlanggl braucht nix z'freß'n,
Denn wur' er wampet, thaat er ja
Sei' Wissenschaft vergessn!" —
Mir fallt gar oft der Taxl ei',
Der Pudl aa danebn,
Betracht' i', wie so nach Verdienst
An' diem die Menschn lebn;
Den oan', der nix is, thuat mer All's,
Den andern nit a' bißl,
Dem oan' bleibt 's Braatl allizeit
Und dem — a laari Schüßl.

Der Wald.

Es is a' Jaaga 'gange in sein' Wald
Und schaugt die Baam so nachanander a',
Gar viel' Bikannti san da b'runter gwest,
Die ihm wohl oft bei'n Regn an' Gfalln 'tho'.

An' alti Buach, dieselbi kennt er guat,
Hat abag'schoßn biem an' Auerho',
A' krummbi Dach, a' Fuchsbau b'runter drinn,
An' Ahorn, schö' wie mar oan' segn ko',

Die golder' Lerch, der hohli Felberbaam,
Sie freu'n 'n alli, wier er s' so bitracht'
Und seini Feichtn na' mi'n dicke' Dach,
Wo's b'runter schier bei'n Tag is finstri Nacht.

So geht der Jaager in Gedanke' furt
Tief 'nei in' Wald, na' endli' rast't er aus
Und legt si' bei'n an' Jungholz hi' in's Gras,
Wer woaß, es ziegt vielleicht a' Rechbock 'raus.

Und wier er da so recht gemüthli' ruat,
So denkt er ihm: „Was Schöns is's um an' Baam,
„Und dengerscht, Langwei' muaß er habn g'nua,
„Steht halt so da und rührt die Blattln kaam.

„Jahr aus Jahr ei', allwei' am altn Fleck,
„Dees is scho' balket, wann i' z'schaffa hätt',
„So müßtn s' aa' geh' kinna um und um,
„A' selli Trübsal machet i' scho' net."

Und hat a' Weil' so 'kritlt und so g'spott',
Da hamm si' auf amal die Staudn g'rührt,
Und daß am Bodn 'was lebendi' werd,
Dees hat der Jaaga jetza deutli' g'schpürt.

Was is's denn da, es ruckt ja b' Staudn weg,
Und horch, was rauscht und thuat denn so der Wald,
All's rührt si' dort und geht ja do' koa' Wind,
Jetzt aber überlaaft's 'n eisi' kalt,

Denn schau, der ganzi Wald fangt a' zu'n geh'
Die stirkstn Baam drinn wandln, o der Graus!
'N Bodn reißn langi Wurzn auf
Und überall wie Schlangen schliefe's 'raus.

Dees knarrt unt kracht und schiebt si' in anand,
Der Jaager rumpit auf und will davo',
Wo aber hi', sie kemma übralln her,
Die nachstn Stangen stößn 'n schon o'.

Dees klemmt und druckt und wischt mit 'brochni Aest,
Er springt und schlieft und plagt si' hin und her,
Und allwei dicker werd dees ganzi Gwirr,
Da reißt's 'n 'zamm, er sicht koa' Rettung mehr.

O Gott verzeih' mar's, ruaft er voller Angst,
O Herr b'erbarm' di' meiner arma Seel' —
Und jetz' werd's wieder still, All's halt' und steht,
Koa' Baam, koa' Boschn rührt si' vo' der Stell'.

Gott sey's gedankt! — Da 'tracht' der Jaager hoam,
Er moa't allboth, sie fanga wieder a',
Wo is der Steig? sunst hat er 'n so guat g'wißt,
Jetz' hat er si' erschreckli' mühsam 'tho',

Denn schau, sei alti Buach, sei' krummbi Dach,
Die find't er nimmer auf denselbn Fleck,
Die golder' Lerch, der großi Ahorn aa'
San alli jetz' von ihnri Platzln weg.

„Na, na! koan' Wald mehr will i' wandln segn,
„Es is scho' g'recht wie's is, du lieber Gott" —
Am andern Tag is All's gwest wie voneh,
Der Jaaga hat nie 'tritlt mehr und g'spott'.

Die hartherzi' Bäuerinn.

1.

Es is a' Bua bei'n Königssee
In's Edelweißbrocka ganga,
Z'höchst 'nauf in's Gwänd bei'n Landthal drobn,
Ihm macht koa' G'fahr nit banga,
'Will bringa hoam an' Buschn schö',
Sei' Diendl mag's so gern,
'S is Kirta' bald d'rinn z' Bartlmä,
Da will er ihr 'n verehrn.

Und wier er steigt und wier er brockt,
O mei'! wie leicht is's g'schegn,
Da hat er an' Stoa, der rogl gwest,
In' Eifer übersegn,
Und wier er d'rauf tritt, bricht der Stoa,
Er hat ihm nimmer d'erhebt,
A' Schlag, a' Schroa, 'hat d'runt' am Sand
Koa' Viertlstund mehr g'lebt.

O Edlweiß, o Edlweiß,
Wer sollt' vo' dir dees moana,
Wieviel' si' freua wanns' di' segn,
Machst Andri bitter woana,

Und wie b' a' Zier bist überall,
Wo's lusti' abageht,
Oft denkt ma' bei' aa', wo a' Kreuz
In' still'n Kirchhof steht.

Zwoa Holzknecht kemma her 'n Steig,
Die hamm den Buabn g'fundn,
"Herr Jesus! leit da todt der Ruap,
"D'erfalln und voller Wundn" —
Siebn Bloama hat er g'haltn no'
Fest in der rechtn Hand,
A' rother Stroaf hat deutli' zoagt
Sei' Unglück in der Wand.

Na' hamm s' halt für sei' armi Seel'
Wo' Herzn betn mögn
Und hamm 'n mühsam abatragn
Und in's Schiffei thään s' 'n legn,
Am See draußt hamm s' sein' Vater na'
Und der Muatla Botschaft 'tho',
Dees is ja wohl a' Jammer g'west,
Daß's Niem'd nit b'schreibn ko'.

"O Bäurinn, 'bitt Enk, leicht's mar a' Roß,
"Daß i' bring' auf Bertlsgaden
"Mein' arma todtn Buabn da,
"Ees kinnts ja gwiß oa's g'rathn."

„„Na, Freund, koa' Roß kon' Enk nit gebn,
„„Koan' Todtn fahr' i' nit,
„„Es wur' ma krummb, dees woaß i scho',
„„Es gaang' ma' mehr koan' Schritt.""

Und b' Muatta bitt': „O habts die Lieb,
„A' guats Werk bringt ja Segn,
„Mir kinna uns nit helfa sunft
„Und werd 'n Roß nix g'schegn."
„„Geht mi' nix a', schau, ziegts 'n selm,
„„Es is ja enker Bua,
„„Da habts an' Karrn, packts 'n auf,
„„Dees Fuhrwerk is guat gnua.""

O lieber Gott, da ziegn s' 'n furt
Die altn Leut', die arma,
Es möchtn oan' b' Augn übergeh',
Es möcht' an' Stoa' d'erbarma.
A' Paar Stund d'rauf spannt b' Bäurinn ei',
An' Hoagascht hat s' in Si',
In d' Ramsau fahrt s', hui wist und hott!
Wie lusti gehts dahi'.

2.

Der Hoagascht hat wohl 'dauert lang,
Es thuat der Mond scho' scheina,
„Jetz' Rößl laaf, es is scho' spat,
„Jetz' Rößl thua di' schleuna."

Und wie f' an d' Wimbachbruckn kimmt,
Da ſicht f' am Weg Dan' ſteh',
Da hört f' an' Ruaf „Halt! laß' mi fahr'n,
„J' ko' heunt nimmer geh'."

Und z'tiefeſt aus'n Stoaberg b'rent
Und vo' der Watzmo'=Seitn,
Aus alli Schluchtn ruafts bees Halt!
Was ſoll jetz' bees bideutn,
Da is's ihr in die Glieder g'fahrn,
A' Schricka kimmt ihr o'
Und haut auf's Roß und wiſt und hott
Sauſt f' wie der Wind davo'.

Da rumpits nachi in die Etoa'
Jetz' ſpringt 'was aufn Wagn,
Der Nähmli' is's und Grauſn packts',
Sie ko' koa' Wörtl ſagn,
O Gott, bees is 'n Ruap ſei' Geiſt,
Es überlaaft f' wie Eis,
Wie droht er ſchreckhaft, in der Hand
A' bluati's Edlweiß!

Da hamm f' verlaſſe alli Ei',
Js nimmer zun ihm komma,
So hat ma f' g'fundn z' Haus am See,
Soll bra' a Warnung nehma:

Hartherzi' sey', bringt nie nix Guats,
Geht an oan' selber aus, —
Denkts bra', daß Enk nie 's Gwissn rührt
Von Edlweiß a' Strauß.

Der Posthalter von Anzing.

Franz Kaspar Hirner.

Die Boarn die wolln an' boarischn Herrn,
Sie kinna koan' andern nit leidn,
So is's und so bleibts, probir's wer d'er will
Und so is's aa der Brauch gwest vor Zeit'n.

Anno siebezeh' hundert und fünfi, meinoad
Selm is wohl a' Gschpiel gwest um's Landl,
Da hamm dir in Hochmuth die Oestreicher gmoa't,
Sie hä'ns scho' auf ewi' in' Bandl.

Dees thuats nit so leicht, Herr Nachbar, verstehst,
„Auf, auf, wer a' Boar!" is's da ganga
Und gwalti' hamm s' a'packt und hamm nit viel g'fragt,
Ob s' ebber aa' gnua san und langa.

In' Anzinger Dorf is a' Posthalter gwest,
Der hats dir wohl gfuchst die Crawadn,
Hat s' bös oft trischakt mit die Bauern weit um
Und verarbet' die fremdn Soldatn.

Mordweihnachten zu Sendling.
S. 139. Familienschatz. 12. IX. 1881.

Sei' Sprüchl' hat g'laut' „i' verloab ihna g'wiß
An' Lust zu die boarischn Ruabn,
Und schlagts no' d'rauf 'nei, daß koana mehr woaß
Ob's' Diendln san oder Buabn."

Der General Kriechbaam is gwest voller Zorn,
Da hat ihm a' Roßdieb verrathn,
Heunt Nacht is der Hirner, der Posthalter, z'Haus,
Heunt fangts 'n mit seini Kamradn.

Der General giebt glei' an' scharpfn Befehl
Und cummadirt seini Husarn,
Sie solln 'n fanga auf Lebn und Tod
Und alli di no' bein ihm waar'n.

D' Husarn die reitn auf Anzing dahi',
A' Knecht rennt in's Posthaus voll Schricka:
„J' sich 'was, i' moa' 's kemma Reiter daher,
„Schaugts selm, denn es schneibt zu'n b'ersticka."

„„Laß's kemma, 's san Freund, vo' Forstining a' Schaar,
„„Und thuats grad extre so schneibn,
„„So san se's scho' gwiß, denn bal' 's Wetter recht schiech
„„Die Andern gar gern dahoam bleibn.""

Und aber a' Dirn, die geht außi zu'n schaugn
Und glei' b'rauf hat s' g'schrie'n und g'schrie'n:
„Husarn, Husarn!" da rumpit wohl All's,
Nix weiter is z'macha als Flieh'n.

Und hui wie der Wind san s' scho' da und um's Haus:
„Jetz', Posthalter, schlagt enker Stündl,
„Jetz' müßt's mit uns eini auf Müncha zu'n G'richt,
„Na' schaugts ob Enk hilft enker G'sindl."

„„Dees is jetz' a' Kunst, hat der Posthalter g'sagt,
„„Dan' fanga wi mi, 'ko nit weiter,
„„'Bi gstürzt mit mein' Roß und san alli zwoa krummb,
„„Da habts scho' 'was Rechts tho Ees Reiter.

„„Und muaß i' do' furt, is ma' weiter oa' Ding,
„„He Hansl, so sattl 'n Rappn
„„Und verbind' aber guat fei' den aus'draahtn Fuaß,
„„Sunst kunnt' ihm d' Kniekugel ausschnappn.

„„Und a' Bier bringst du Fraanzi, an' Kerschngeist aa',
„„I' denk' ma', die Herrn wer'n nit scheltn,
„„Denn es schneibt ja und waaht, hat ma' gar nix in Leib
„„Wie leicht ko' mar ihm da verkältn.""

Und d' Husarn, wie s' hamm von' Brantewei' g'hört,
Da hamm s' just koan' Zorn lassn g'schpür'n,
Hat an jder ihm denkt, es is d' Arbet hart gnua,
Was soll mar umsunst no' d'erfriern.

Der Rittmoasta selm is zun Ofa hi'g'hockt
Und All's hat gemüthli' glei' 'trunka,
Und der Posthalter ei'gschenkt wie no'mal a' Wirth
Und versteht si', gar moasterli' g'hunka.

Na' endli san s' furt und schau, 's Rappi hinkt aa',
Der Knecht hat 'n G'schraß glei' b'errathn
Und hat scho' 'n Fuaß so verbundn und g'schnürt,
Daß's koan' Argwoh' nit g'faßt die Crawadn.

Bei **Neufahrn** halt' aber der Posthalter a'
Und steigt a' und sagt: „Muaß a' wen'g schaug'n,
„'S kimmt 's Rößl nit weiter, i' moa' 's thuat ihm weh,
„Es muaß der Verband da nit taugn."

Und macht ihm 's Knie frei, nacha sitzt er g'schwind auf
Und bischpert den Rößl in b' Ohrn
Und auf oamal ha ho! gehts auf und davo',
Jetz' arbet's sunst habts 'n verlorn!

Da jagn wohl b' Husarn und schießn und schrei'n
Und der oa' rennt an' Hag grad entgegn,
An' Hag vo' sechs Schuach und hop! is er b'rent,
Hast 'n g'segn und hast 'n nit g'segn.

Die Andern san a'prellt, grab lusti' is's gwest
Und 'nüber hat halt koana kinna,
Da hamm s' dir wohl gfluacht, aber g'lacht hat der oa'
Und g'schwindi' in' Wald is er drinna.

Na' d'rauf bei'n Rapport hat der Rittmoasta g'sagt:
„Exlenz, mit die Boarn is nix z'macha
„Und eh'n i' s' d'erhüt', reiß' i' lieber scho' glei'
„An' Teufi a' Seel' aus'n Nacha."

Kloa' und Groß.

I' woaß a' Stündl in der Nacht,
Des Stündl is so kloa',
Da sitz' i' bei der Lene drent,
Kunnt' ja nix lieber's thoa',
Und i' woaß an' andri großi Stund,
Die hat an' schwaar'n Gang,
Die is's, die vor der kloan'n kimmt,
Die dauert grausam lang.

I' kenn a' gar kloa's Ringl fei',
Wie g'fallt mir dees so guat,
Es ko' leicht sey', weil b' Lene halt
Dees Ringl tragn thuat,
Und i' kenn an' Ring gar groß und schwaar,
Der Ring der g'fallt ma' nit,
Ihr Vater tragt 'n und der schlagt
Da Nägl ei' damit!

I' kenn' a' Gaangl kloa' und eng,
Dees durch 'n Gartn geht,
Geht aa' zu ihr'n Fenster hi',
So g'fallt's oan', wer's versteht,

Und i' kenn a' broati großi Straß',
Diesell' is nit die mei',
Da fahrt mit gar an' wildn G'sicht
Ihr Bruader aus und ei'.

O Lene, waar'n no' i' und du
Grad auf der Welt alloa,
Na' waar nix z' groß für uns in Weg,
All's, wie mir's wollt'n, kloa',
Na' machet mir koa' Bruaba nit,
Koa' Ring' von Vatern bang,
Und alli Stund'n waar'n recht
Und wur' mir koani z'lang.

Die Zeit.

Der oa'.

Frag' i 'n Herr Pfarrer, woher 's denn kimmt,
Daß Alles an' End' so g'schwindi nimmt,
So sagt der Herr Pfarrer: „Schau, sey no g'scheut,
Das thut halt amal so der Zahn der Zeit."

Da hon i Respekt vor an' sellan Gebiß,
Macht glei in a Mauer die größt'n Riß'
Und haut dir an' Klafterbaam zamma so g'schwind,
Als waar er grad wie a Brabl so lind. —

Wie's nacher wohl waar um die ganzi Natur,
Wann ebber die Zeit amal zahnluckt wur'
Und kunnt nimmer beiß'n? da gaang ja nix z'Grund
Und mir waar'n alleweil fröhli und g'sund!

Der ander.

Na Bruder, da schneid'st bi, denn waar dees der Fall,
So schlucket s' halt nacher glei gar auf amal,
Was s' justement möcht', jetz' stell' dir no für,
Dees waar ja wahrhafti zu'n Umbringa schier;

Du hätt'st heunt a Haus, schö sauber und neu,
Waar aa' weg'nmeiner a Gart'n dabei
Und morg'n waar furt bei' Gart'n und Haus
Und du vielleicht aa', was schauget da 'raus!

Was gschicht, wann der Lanks kimmt und was's bideut'.

Dees Erscht' is, bal' der Lanks will kemma,
Ees wißt es, da roast der Winter davo',
So macht' si' aa' weiter a' graantiger Loda,
Fangt a' lustiga Bua seine Gschpaßln o',
Aber weil er so lang auf den Platz ist gewes'n,
So gront er bei'n Furtgeh' und zoagt sein' Zorn,
Des is in' April scho' gwiß an' Iber
Der b'rauf hat achtgebn, inna worn.
Jetzt nacha luusn die Staubn und Boschn,
Und wann s' koan' Sturm mehr draußtn hörn,
Na' ziegn s' glei' o' ihna Feyrta'gwandl,
Da muaß ja, wie s' moan', schö' Wetter wer'n.
Dees is der Fürwitz vo' der Juge'd,
Die halt nie nix b'erwartn ko'
Und weil's gar ei'bildt und woaß All's besser,
So pumpst's dafür aa' oft gnua o'.
Die altn Baam san nit so eili',
Die kenna den Handl und wissn's guat,
Daß statt ben g'hofft'n hoatern Himmi
An diem a' Schnee no' kemma thuat.

D'rum schlafe'ös' gemüthli' und erscht wann's mirka
Daß ninderscht mehr koa' G'fahr um's Haus,
Da' stecka s' aa' auf die grün'n Sträußln
Und macha si' nachanander 'raus.
Weil aber an biatwei'n oana faul is
A' sellena Baam, so kunts ihm g'schegn,
Schau daß er gar an' Lanks verschlafet
Und bees thaat bengerscht koana mögn,
D'rum kemma die Vögerln daher die kloan'
Und singa so fleißi' Tag und Nacht
Und macha halt Musi als waar's für an' Kirta'
Bis aa' der letzt' no' auf is gwacht.
Die Vögerln san die guatn Geister,
Die All's gern glückli' macha wolln
Und die bees zwibri A'gedenka
An' Winter gar vertreibn solln.
Jetz' kemma die Bloama, schau wie lusti',
Wie s' ziern und kraanzn Berg und Thal,
Jetz' is der Lanks in aller Pracht da
Und Freud' und Frischn überall.
Und was bideut' nacha bees Ganzi,
Die schö', die liebli' Frühlingszeit?
A' Zoacha is's, daß unsern Herrgott,
So moan' i' halt, sei' Welt no' freut,
Und daß ihm b' Leut' do' nit so z'wider,
Wann's aa' scho' bösi b'runter geit,
Und daß er uns a' guata Vater,
Dees moan i', daß bees Ganz' bideut'.

Schnaderhüpfeln.

Diendl wie freust mi du,
Kimm ma grad für,
Als wie wann i koan Himmel bräucht,
Bin i' bei dir.

Wahr is's, schöni Sternei'n
Geit's dort ohne End,
Aber du bist ma lieber,
Als 's ganz' Firmament,

Ja bist ma viel lieber,
Als d' Eng'ln allsamm'
Und i mag erscht in Himmi,
Wann's di drob'n hamm (hab'n).

Der Gebirgs-Jager a'm Anstand.

„Der Grab'n der is wunderschö',
„Da setz' i mi' geh her,
„Da sich i aus auf alli Steig',
„Es geit koan schönern mehr.
„Da drob'n in den Latschnkopf
„Da muaß a Gambsbock sey'
„Und will er in an' Laane zieg'n,
„Mua'ß er in' Grabn rei'.
„Und unterhal' da spürt si' frisch
„A Hirsch als wie a Kuh',
„Der thuet si' aa' schon amal um
„Und Vorth'l hon i gnua."
So setzt si halt der Jager o
Und sitzt gar manchi Stund
Und denkt, was an den schön'n Platz
Ihm alles kemma kunnt.
Wann ebber 's Glück a bisl wollt'
Und kaam ihm gar a Luchs,
„De' Hannes hat van so be'wischt,
„Hot gmoant, es kimmt a Fuchs;
„A Luchs, ja der will g'schoßn sey',

„Denn 's Treffe' is gar kloa'." —
Da schaugt er ihm sei' Bichsn 'zamm,
Er moant, 's kunnt's bengerscht thoa'. —
„Bei'n Sepp is's gwest a' seller Ort,
„Wo kemme' is der Bär,
„Der wann jetz kaam und trabet geh
„Am obern Steig daher;
„Den schlüegs wohl abi über b'Wand, —
„Was thaat der Förschter sagn
„Dees thaat an' Weltspektakl gebn,
„A Schaug'n und a Fragn.
„Da waar wohl 's Diendl stolz auf mi',
„Verzählet's alli Leut, —
„Und traget fünfasiebez'g Guln,
„A Narr dees waar a Freud;
„Thaats aa der Kini inne wer'n,
„Kaam ja in b' Zeitung 'nei',
„Der waar in Stand und saget glei:
„Der Schütz soll Förschter sey'. —
„Und kaam a Wolf, war aa' scho' recht,
„Ja b' Wölf, die genge' weit,
„Und selli Platz, die suche's auf,
„Wo's 'was zu'n Jag'n geit.
„Da müßt ma wohl a Stutzn her,
„So schö' mar 'n denke' ko',
„Und auffi gschnitzt der Wolf am Schaft
„Und Silberplattln dro';
„Und kriegn f' auf die Schießeter,
„G'hört der oan vu' der Stadt,

„So hoaßets, naa, der g'hört denselln,
„Der 'n Wolf be'schoß'n hat." —

So hat der Jager furt studirt
Mit seiner g'spannt'n Bichs',
Bis 's woltern dunkel wor'n is, —
Aber kemme 'is ihm nix.

Die oa', die i moa'.

Is am Himmi koa' Stern,
Daß i 'n schauget so gern,
Als a Diendl am Land,
Als die oa', die i moa'.

Wohl weiß auf der Höh
Is der frischg'fall'ne Schnee,
Und is do nit so weiß,
Wie die oa', die i moa'.

Wohl schö' is der Tag,
Wann's a schöner sey' mag
Und is do nit so schö',
Wie die oa', die i moa'.

Was frischer's sichst nie
Was a Pferfibaamblüh',
Und is do nit so frisch,
Wie die oa', die i moa'.

So lieb und so fei'
Moanst, war nix wie da Wei'
Und is do nit so fei',
Wie die oa', die i moa'.

Und weil s' halt so fei',
Daß s' nit feiner kunnt sey',
Drum so sich i s' so gern,
Woaßt, die oa', die i moa'.

Berg-Name'.

Wann reitn der Scharfreiter wollt',
Wo kaam' dees Rößl z'wegn
Und wollt' der Watzma' Hosn tragn,
Die Hosn möcht' i' segn.

Wann aufsteh' thaat' und wollt' in' Land
Der wildi Kaiser regirn,
All' Kaiser und all' Kini z'amm,
Sie müßtn 's G'schpiel verliern.

Wann b' Mädele-Gabl a' Gabi waar',
Wo waar' der Knödl dazua
Und a' Schatz vo' der Jungfrau in der Schweiz
Waar' aar a' raara Bua.

Und der Großglockner wann der erscht kaam'
Als Glockn mit sein' G'läut,
Und der Kramer wann a' Laabl hätt',
Waar' just koa' Kloanigkeit.

Und waar' an' jder Lump so groß
Als wie der Unnütz is,
Sie stehletn von' Himmi b' Stern
Und z'letzt gar 's Paradies.

Zum Hennakopf und Katznkopf
No' weiter stell' dir für
Die richti' Henna und die Katz,
Was waar'n dees für Thier'!

Und denk' dir 'n Rothofa g'hoazt
Und 'n Baam zu'n hocha Blatt,
Na' mirkst es erscht, was's is um Berg
Und wie ma' s' z'schätzn hat.

'S is aber z' Bertlsgadn drinn
A' Berg aa', wer 'n kennt,
Der is, es woaß koa' Mensch warum,
Der u'sinni' Winkl g'nennt.

Und wollt' ma' b' Narrn auf der Welt
All' in den Winkl thoa',
Wie groß und weit aar als er is,
So waar' er bengerscht z'kloa'.

Der Edlweißbrocker.

Der Hirgscht, dees is mei' schönsti Zeit
Da brock' i' 's Edlweiß,
In Watzmann über 'n Laabl drobn
Und über 'n hocha Eis.
In Bertlsgadn habn s' ja
Die Bliemin gar so gern
Und kimm' i' mit mein' Edlweiß
Zu manchen großn Herrn,
Und bring's die Damen brunt' in' Gschloß,
Die stecka 's auf 'n Huat,
Die Damen san gar schö' und fei'
Und 's Edlweiß' steht guat.
Da schaugn an biem die Cavalier'
Und fragn, wo hast es her,
Wann aber i' am Watzmann zoag',
Da fragn s' nimmer mehr. —
Dees freut mi' an die Bliemin just,
Daß's braucht a' Schneid' und Fleiß,
Sunst kriegst es nit, d'rum hoaßt mer's aa'
Nit unrecht Edlweiß.
Und gern a' Sträußl brock' i' aa

Für unser' liebi Frau
Schau, weil bei'n Steign in der G'fahr
J' treu zu'n ihr vertrau'.
O wann no' in den Watzmann dort
Koan Laane abageht,
Wo meini Jagerbliemin san,
Mein' kloana Gartn steht;
Ja liebi Frau, i' bitt' di' schö',
Wann d' Laane ebba bricht,
So denk' auf mi' und mach' daß halt
Mein' Edlweiß nix g'schicht!

D' Vögl.

Wie b' Leut' san, san oft b' Vögl aa',
Wie b' Vögl san oft b' Leut,
Der oa' is schö', der oa' is wiascht,
Der bumm, der anber' g'scheit.

Und wies mar ei'fallt, will 'Enks sagn,
Na' sicht an' jber raar,
Schau was er ebba vorstelln kunt',
Wann er a' Vogl waar'.

An' Abler is a' g'strenga Herr,
Hat Felsnschlösser gnug,
Da schaugt er stolz dem Gsindl brunt'
Vo' weitn fürnehm zua.

A Nachteuln, die bein Tag so brav
Is a' scheinheiligs Ding,
In Finstern, gel', wo s' niema'b sicht,
Da macht s' na' ihri Sprüng'.

A' Schnepf, dees is a' Roas'nder,
Wie's gar so vieli geit,
San grab so dumm, ob's g'wandert san
A' bißl oder weit.

A' Gockl thuats an' Sprecher nach,
Nix schneidigers geit's nit,
Bal' b' aber mit an' Stecka kimmst,
Na' thuat er nimmer mit.

A' Lercherl is a' Sängerinn,
Da denkt wohl j'ber dro',
Daß's just der Rock und 's Gwand nit macht,
Ob oa's aa' ebbes ko'.

A' Spatz dees is a' Schuastabua,
Da halt' i' ebbes b'rauf,
Der kümmert si' amal um nix
Und is altwei' wohlauf,

Und müßt' i' just a' Vogl sey',
'Bi' aa' gern sorgnfrei,
I' glaab' meinoad, i' wur' a' Spatz,
Was waar' aa' g'feit dabei!

Der alti Jaaga.

Es steigt an' alter Jaaga
Gon Berg dahi',
A' Gambsei drobn schießn
Hat er im' Si',
Bein' Pfarrer drunt' is Kirta',
Da soll er für den Herrn
In b' Kuchl an' Jahrling liefern,
Dees Wildprat hat er gern.

Der Jaga birscht gar fleißi',
Da kimmt an' Eck
Und drentn zeigt si' abi
A' Laanafleck,
Und wier er dort schaugt eini,
Glei' sicht er Gambsei'n steh'
A' Goas, a' Kitz, zwoa Jahrling,
Jetz' kunnt' wohl ebbes geh'.

Sie äs'n, springa, scherzn,
A' Böckei gar,
Dees jagt die oan' wohl hin und her
Als wier a' Narr

Der is scho' voller Zorn
Und geit halt gar koan' Rua,
Der alti Jaaga schaugt ihm grad
Mit stilln Lacha zua.

Mei'!, denkt er, wie b' no' jung g'west,
Hast's aa' so g'macht,
Hast aa' so springa mögn,
Gern g'scherzt und g'lacht,
Hast oft aa' g'hetzt die Diendln,
Dees is wohl gwest a' Zeit,
Und wie so gschwind verganga is's
Und all' die Lustbarkeit.

Jetz' rennt ihm 's Böckei zuawi,
Jetz' Alter schieß',
Schau wier er d'rent steht an der Wand
So schö' in Mies,
Und aber 'hat nit g'schoßn,
Ha' was er ebba thuat,
Legt b' Bix a'm Bodn und steht auf
Und winkt na' mit'n Huat.

Und schreit: „Jetz' geh' du Schlaanggl,
„Dees G'schpiel is gnua,
„Es kunnt' verschmacha sunst mei' Bix,
„Geh' zua, geh' zua!"

Hui! san f' dahi' — na sagt er:
„Der Pfarrer haut gern ei'
„Und braacht' ihm gar den Jahrling no',
„Es kunnt' ihm schäbli' sey."

Boarisch.

Mei' Ahnl und mei' Vater,
San gwest guat boarischi Leut',
Und boarisch will i' bleibn,
So lang' mi' 's Leben freut.
Es hätt' an biem wohl oana
Uns gar gern anders g'macht,
Datho' hat's aba koana,
Hat's koana z'wegnbracht.

Dees boarisch' Blau, dees Farbi,
Hat gar an guetn Halt,
Sunst waar der boarisch Himi
Scho' gschoßn, er is alt,
Und weiß schickt unser Herrgott
'N Schnee, bal's schneibn thuat,
Dees hätt' er lang scho' g'ändert,
Waar ebba b' Farb nit guat.

Mir hamm aa für die Farbn,
Sö lang ma san, nix g'spart,
Der Löw' hat raaffe' müß'n
Mit Adler aller Art,

Mir hamm en nie verlaßn,
Vont wegen den weiß und blau
Und Gott hat allzeit gholfa
Und unser liebi Frau.

Drum laß i' aa Leib und Lebn
Für's Boarn und für mein' Herrn,
Und soll von meini Buabna
Aa koaner anderst wern,
Und soll's an' j'der sag'n,
Als wie i 's sag'n ko':
Der Vater is guat boarisch gweft,
Is gweft a' brava Mo'.

Gedank'n.

Wenn Alles schö' staad is und still in der Nacht
Und i' aus'n Fenster die Stern' so betracht',
So denk' i' mir oft und sag' ma: ha mei',
Wie werd's wohl da droben in Himmi sey'!

Wohl sagn s', daß dortn a Herrlikeit
Wie's koani herunt auf der Erdn geit,
Und bengerscht, so kimmt's bo' an jedn hart o',
Wann er halt amal nimmermehr dableibn ko'.

Ja ja, es is bsunders dees Leben dahier,
Daß oana gern da waar, was kann er dafür,
Und bo' muß er furt, muß gar gschwindi' dahi',
Oft wunderts mi', daß i' so lusti' bi'!

Wie's halt geht.

'S Diendl hat die Fink'n gern,
Lockt f', thuat ihna schö',
D' Finke' aber fliegn furt,
Laß'n 's Diendl steh'.

'S Diendl hat die Kerschn gern,
Hat sei' Gfall'n dro',
Und die dumma Kerschnbaam
Schaugn f' gar nit o'.

'S Diendl hat die Bliemin gern,
Red't sogar damit,
Und die zupft'n Dinger da,
Die verstenga f' nit.

Und i' laaf zwoa ganzi Jahr'
Um bees Diendl scho',
Und sie fliegt, als waar f' a Fink,
Allewei' davo'.

Und i schaug so oft nach ihr,
Schaug mi' halbet dumm,
Sie macht's wie die Kerschnbaam,
Kimmert si' nix drum.

Und i red' so süß und fei',
Plag' mi' da und dort,
Thuat s', als wann s' a Bliemi waar,
Sagt ma nit a Wort.

Kimm' i wied'r amal auf d' Welt,
Woaß i, was i thua,
Werr a Fink, a Kerschnblüh
Ehnder als a Bua.

Jagalied.

Was waar's benn um 's Lebn ohni Jagn,
Koan' Kreuzer nit gebet i' b'rum,
Wo aber a' Hirsch zun b' erfragn,
Wo's Gambsei'n geit, ba reißts mi' 'rum.
Ja 's Jagn dees is mei' Verlanga,
Ho's zeiti scho' mögn a'fanga,
Ha ho! und mei' g'führigi Bix
Und i' sag' halt ba brüber geht nix.

Thäats hocka bei Dienbln und Kartn,
Thäats tanzn und kegln grab gnua,
'Will lieber an' Hirschn b' erwartn
Und birschn b'rauf spat ober frua,
Dahoamtn ba mag i' nit bleibn,
'Will braußtn mi' umananb treiben,
Mei' Musi' san b' Vögerln in Wald
Und die macha mar auf wie's ma' g'fallt.

Steig' auffi, steig' abi, steig eini,
A' Gambs is a' Steigerei werth,
A' Gambs is gar flüchti' und schleuni'
Und leicht geht der Handl verkehrt,

Drum is aa' an' Ehr' dabei z'gwinna,
Und muaßt 'was versteh' und 'was kinna,
Denn der si' nit recht zammanimmt
Aa nit leicht zun an Gambsbartl kimmt.

Hoch vivat die Berg solln lebn
Und 's Woadwerk und wer 'was d'rauf halt',
Mein' Schatz will i' 's Edelweiß gebn
Und hoff mir aa' gwiß, daß's ihr g'fallt,
Denn thaat sie's nit lusti' bitrachtn,
Dees jaagerisch' Bliemi verachtn,
So ließ i' s' aa' laaffa gar bald
Und thaat' hausn alloani' in' Wald.

Schö' kloaweis.

Schö' kloaweis mußt b' in Alln handln
Und fall' nit mit der Thür' in's Haus,
Stürmst wie'r a' Wilder auf a Diendl,
Was hast davo', sie macht bi' aus,
Schö' kloaweis werst es nit vergräma
Und werd s' bei Lieb' nit übi nehma.

Will 's Wasser durch an Fels'n bohr'n,
Dees hast do' gwiß gar oft scho' gsegn,
Schö' kloaweis arbet' jeder Tropfa,
Schö' kloaweis, schau da bringt's 'was z'wegn,
Was d'Ame's'n Alls zammatrag'n
Schö' kloaweis, is ja nit zun sag'n.

Wer auf an Berg wollt aufi rumpin
Als wie'r a' Mader auf an Baam,
Daß den der Blasbalg nit verlasset,
Dessell', verstehst mi', glaab' i kaam,
Schö' kloaweis ko'st an jedn zwinga,
Mi 'n Geh' kimmst weiter als mi 'n Springa.

Dans aber muß i' bengerscht sag'n,
Da's macht an' Ausnahm, wann's just gschicht,
Schau, will der Feind 's Land überschwemma,
Da hat dees Ding an' anders G'sicht,
Da muaßt nit kloaweis drunter schlag'n,
Da nimm s' glei duzedweis bei'n Krag'n.

Von Herzog Max.

Moant's, Ees alloa kinnt's Zithernschlagn
In Steyermark und Krain,
Wann's ebbes B'sunders hör'n wollt's,
Kemmts grad nach Boarn 'rei'.

Und fragts amal nach Wittelsbach
Und nach sein' liebn Herrn,
Da glanzt den schön'n Zitherspiel
A gar a guater Stern.

Es is der Herzog Maxmilian,
Der selber b' Zither schlagt,
Woaß nit, ob mar an sellan Prinz
Bei Enk in Land derfragt.

Und spiel'n thut er's nett und fei',
Halt halt a Lieb' zu'n ihr,
Dees kimmt, verstehst, von sein Gemüth
Und 's Herz hat er dafür.

Und schau' bees is die Seltnheit
An so an' groß'n Herrn,
Daß 's Herz nix von sein' Titl woaß
Und hat a Zither gern.

Und schau bees is a Zeugnschaft,
Wo koani drüber geht,
Daß d' Zither aa, als wie bein Enk,
Bei uns in Ehr'n steht.

Um Neuni.

Und 's Glöckerl hat g'schlagn
Um neuni auf d' Nacht,
Jetz muaß i' do' fragn
Ob 's Diendl no' wacht.

Und 's Glöckerl hat g'schlagn
Um zehni auf d' Nacht,
Ho' vo' neuni bis zehni
Bei'n Diendl zuabracht.

Und seitdem so woaß i',
Schlagt's neuni auf d' Nacht
Und so braucht's nimmer fragn,
Sie wacht scho', sie wacht!

———

Die stoanern' Jager.

Zwoa Jager steig'n in an' Gwänd',
'S red't koana nit a Wort,
Sie steig'n langsam nach der Höh',
Es is a schiecher Ort.
Und wie s' jetz kemma gegen d' Schneid,
Da rastn s' auf an' Eck,
Sie segn schier zun Ferchtn aus,
So barti, wild und keck.
Just graut der Tag, der Nebi liegt
No' tief herunt' in Thal,
Von selln Platz, da sicht ma schö'
Viel' Dörfer aufamal.
Und wie s' a weil so rast'n thien,
So hörn s' Kirche'gläut,
In d' Fruhmeß ruft a Glöckl 'zamm,
Dees Läut'n hört man weit.
Da stopft der oa a Pfeif' Tabak,
Der ander putzt sei' Bix
Und Branntwein trinkn s' aar an Schluck,
Aber betn thien s' nix.
Und wieder üb'r a kloani Weil,

Da läut't dees Glöckl brunt,
„Jetz wandln f' erscht, lacht da der oa,
Mir wandln scho' zwoa Stund'."
„"Ja Wandeln hi' und Wandeln her,
Hat wild der ander gsagt,
A Gamsbock ischt mer allweil mehr,""
Und hat sein Stutzn 'packt.
Und weiter steign s' übers Eck
Und schaug'n in' Grabn 'nei,
Da steht a starker Gambsbock drinn,
Der werd bald ihna sey'.
Da schießt der oa', er fallt no' nit,
Der ander aa zünd't o',
Und auf die Schuß, da hat's an Hall',
Als wie a Dunner tho',
Als schlieg a Weterstroach grab ei',
Was dees bedeut'n soll?
Die Schütz'n rumpin in anand,
'S is ihna nimmer wohl,
Denn schau, der Bock in Grabn drunt'
Werd zozet wie a Bär,
Die Krikln werrn großi Horn
Und feuri' schaugt er her.
Dees is koa Gamsbock, gnad' da Gott,
Dees muaß der Teufi' sey', —
Da packn gschwind die Jager 'zamm
Und laafa woltern fei'.
Auf oamal aber laßn s' aus,
Es werrn b' Füß' so schwaar,

Und grab' als wann der jüngsti Tag
Auf Erdn kemma waar,
So ziegt a Nacht und Weter 'rei,
Koa Schrittl kinnes' geh',
Und 'Blut is worn so kalt und starr,
Als sollt's auf ewi' steh'.
Und horch in' Wettersturm da hallt
A Schroa weit über's Land, —
Da is a grausi Wandlung g'schegn,
Verhängt von Gottes Hand. —
Wohl wieder brunt' zun Betn läut't
Dees Glöckl aus der Fern',
Die drobn san aber wor'n Stoa',
Sie kinne's nimmer hör'n.

Bei Salzburg steht a hocher Berg,
Der Staufn, wer 'n kennt,
Da san zwoa langi Fels'n obn,
Die stoanern Jager g'nennt.
Die Fels'n stenga heunt no' da,
Als Zoacha von den G'richt, —
Der Kruag, schau, geht so lang zum Brunn',
Bis er amal dabricht.

Die Sennderinn.

A Sennbrinn hat a Kalbn gsuacht,
Da hat s' an' Jager gfund'n,
Der leit b'erschlagn jämmerli,
An Händ und Füßn 'bund'n,
„O Sennbrinn liebi Sennbrinn mei',
„Schneid o die Strick, i' bitt' di' fei',
„Du sichst, wie elend daß i' bi',
„O hilf, i' bitt', sunst bin i' hi'."
Die Sennbrin schaugt a guati Weil,
Ihr hat sei' Freiheit gar koan' Eil,
Do' endli' noagt s si' zun ihm,
Als helfet s' von die Strick und Riem'.
Und langsam ziegt s' a' Messer 'raus,
Da kimmt ben Jager o' a Graus,
Was draaht er b' Augn denn so weg,
Was kriegt er d'rüber so an' Schreck?
Die Sennbrinn sagt ihm staad ins Ohr,
(Ihm kimmts so laut wie Dunner vor)
„„Mein' Buabn hast b' erschossn mir,
„„Was moa'st, was ghört denn dir dafür?""
Sie geht und schneibt zwoa Darn 'zamm,

Daß s' just a' Kreutzl gebn habn,
Dees steckt s' bein ihm in Bodn 'nei',
Und keil't 's gar fest in Stoaner ei',
„„Verstehst mi, sagt s', wann's Schnee o'geit,
„„So woaß 'ma do', wo oaner leit.““
Und schaugt 'n nomal furchtbar o',
Wirft's Messer weg und geht davo'. —
Der Winter is kemma mit aller G'walt
Und g'stürmt und g'frorn hat's grausi' kalt,
Und gschniebn hats scho' Tag und Nacht
Und 's Eis hat schier zun Ferchtn kracht. —
Da wadt a Wei' in tiefn Schnee,
Tracht't nach der Wallfahrt auf der Höh',
Gar bloach is's und is mutterssloa,
Wer werd denn jetz a Wallfahrt thoa?
Bei so an Wetter, 's is a Graus,
Da jagt ma ja koan Hund nit 'naus.
Und 's Wei' dees arbet' bis in b' Nacht,
Hat b' Wallfahrt nimmermehr bamacht,
Gar bald verwaaht und kloa' verschniebn
Is s' todt am Kreuzweg liegn bliebn. —

  Dees Wei' is gwest die Sennderinn,
  Schau gar so scharf sey', bringt koan' G'winn,
  Wer gar so hart und wüthi' thuat,
  Der schad't ihm selm, es thuat koa Guat.

Die verliebt'n Buab'n.

Es hamm s' in a schöni Dirn,
Amal drei Buabn verliebt
Und sie hat weiter koan d'erhört,
Dees hat s' halt stark betrübt.

Die Buabn san gwest guati Freund'
Und hab'n oft g'redt davo',
Wie daß dees Diendl gar so stolz
Und wünschet si' koan Mo'.

Und wie s' amal so gjammert hamm,
Von ihr'n Trutz und Gspött,
Daß's oan' hätt' schier d'erbarme mögn,
Da habn sie 's Leb'n verred't.

Der oa' hat g'sagt, i' häng' mi' auf,
Der oa', i schieß' mi' todt,
Der jüngst' hat gsagt, i spring' in See,
'S is gwest a großi Noth.

Und wo drei Weg' vonander gehn,
Da hab'n se si' trennt,
Und sagt's a jeder no' amal,
Es waar die Nacht sei' End.

Der jüngsti geht schnurgrad zun See
Mit sein' Verdruß in Sinn,
Da hört' er juchz'n von an Berg
Weithi' a Sennderinn.

Die kennt er wohl, sie tanzt so guat,
Da fallt ihm dabei ei',
Daß morgn Kirter is in Dorf,
Da werd's wohl luschti sey'.

„Mei', denkt er ihm, 's is grad oa' Ding,
„Mach' no' den Kirter mit,
„Stirbst morg'n grad so guat wie heunt,
„Dees braht 'n Handel nit."

Und richti' b'rauf den andern Tag,
So geht halt zeiti' gnua
Zu'n Wirth, wo All's wohlauf beinand'
Der desperati Bua.

Er schaugt a Weil 'n Tanz'n zua,
Die erst', die zwoati Schaar,
Die britti aa' no', denkt er ihm,
Mit dir is 's so bald gar.

Und wie die dritti Schaar anfangt,
Wer hätt' 'was selles g'laabt,
Da kemma seini saubern Freund'
Und tanz'n, daß Alls staabt.

Was moants jetz nacher, hat er tho' —
Er hat si' gwiß beschwert,
Daß die so lieberli' und falsch
Und hat recht aufbegehrt? —

O Na! er hat's glei' aa so g'macht,
Jetz schau die Schlanggl o',
Und hat ihm nit an oanziger
An' Leb'n ebbes tho'. —

So is der Mensch, wie 's Wetter halt,
Oft anders über Nacht,
Und oft an' Unglück nit weit her,
Wann's oaner recht bitracht'.

Vom altn Sollacher.

Der alti Sollacher z' Boarischzell,
A' Zeitl vor sein' End',
Da sitzt er amal vor'n Haus heraußt,
Die schön'n Berg zuagwend't,
Und schaugt a so drei' ganz müd und matt
Und hat bei'n ihm sinnirt,
Wie's anders gwest is, wo er no' jung
Und hat koan' Aberl g'schpürt.

„Ja selm, da is wohl ganga 'was
„In Winter- und Summerszeit,
„Wie hat mi' da der Spielho'falz,
„Wie hat mi' b' Rechbirsch g'freut,
„Und 's Jaagern na' auf Hirsch und Gambs,
„Koa' Plag nit hon i' g'acht'
„Nie g'fragt wie hoch, nie g'fragt wie weit,
„Nix g'schicha Tag und Nacht.

„O wann ma' jung is, g'sund und frisch,
„Wie is's auf der Welt so schö',
„Und a' richtigi Jagd und a' tüchtigi Bix,
„Was kunnt' da drüber geh', —

„Jetzt schaugts mi' aber schiefri' o',
„Die guatn Täg san 'rum,
„An' alter Baam, es braucht nit viel
„Ja ja, so fallt er um.

„Muaß's sey', Gotts Nam'! grab oamal no'
„An' Gambsbock schießet i' gern,
„'S is aber 's Fußwerk nix mehr nutz,
„Es werd's aa' nimmer wer'n." —
So hat er für ihm g'redt der Alt'
Da rumpits drinn in der Stubn
Und er hört seini Diendln, „was hamm s' dei.n jetz';
„Was renna s' denn so rum?"

Na klopft er am Fenster und 's Lisei glei'
Und b' Nanni laaffa 'raus:
„„Gschwind Vater, no' g'schwind und nehmts a' Bix,
„„A' Gambs steht hintern Haus,
„„A' starker Bock, in' Angerl draußt,
„„Er is grab foast und schwaar
„„Und thuat als wann er gar nit wußt',
„„Daß er bei'n uns da waar'""

„Ja seyds denn narret, a' Gambs da herunt!?"
„„Ja Vater es is gewiß,
„„I' spring' um b' Bix und machts no' und gehts,
„„Na' sechts es glei' wie's is.""

Und d' Nanni voro' und holt sei' Bix
Und der Alt' schleicht hi' und schaugt,
Wahrhafti! a' Gambsbock in' Anger drinn,
Dem 's Aesn prächti' taugt.

Wahrhafti' a' Gambsbock! und is nit z'weit,
Da riegelts den altn Mo'
Und nimmt sei' Bix und richt' si' zamm
Und spannt ganz staab 'n Ho'.
Jetz' fahrt er auf und meßt und meßt,
O mei' Gott, er nackt so viel,
Und setzt wieder a', „J' ko's nit d'erhebn,
„Dees is schon a' z'widers Gschpiel,

„Wie Lisei, schieß' du, du trifft 'n leicht,"
Und jetz' nimmt 's Lisei d' Bix
Und dattert no' irger und traut ihm nit,
„„Mei'! Vater, bei mir werds nix.""
Und noamal schlagt der Sollacher a',
Na' schaugt der Gambsbock her,
Da schnellts! und zamma stürzt er am Fleck
Und thuat koan' Zucker mehr.

Und d' Diendln g'juchezt grad und g'schrie'n
„Aber den habts niederkeit,
Und der Alt' is ganz d'erkemma gwest
Und 'glanzt hat er vor Freud'. —

— Und gweſt is's aa' ſei' letzter Schuß,
Ha ſag'! wie ſi ſo 'was richt',
Und frag' b'rum nach in Boariſchzell,
Na' hörſt, 's is a' wahri G'ſchicht'.

Die Füchs'.

In Wald steht a Hütt'n, da sitzn beinand
Drei Jaga, die prahln und sprecha:
No morgn, da woll' mar s' mit Pulver und Blei
Amal schö' sauber b'erblecha,
Mir schießn 'n Hirsch, Ees werds es segn
Und Böck und Hasn, so viel ma no' mögn. —
Und a Hasl sitzt draußtn in' Gras versteckt,
Dees hat seine Löffi gar hoch aufg'reckt
Und hat Alles g'hört bei der stilln Nacht
Und hat si' danacha gschwind weiter g'macht.
Und is bir halt grittn durch Acker und Feld
Wie a Narr und hat's die Kammradn verzählt,
Und hat unterwegs aar an Rechbock g'segn,
Den hat's es aa gsagt, was morgen soll gschegn,
Und der Bock hat's an Hirsch wieder weiter bericht't
'S is gwest a verzweiflti bösi G'schicht.
Und Hirschn und Hasn und Böck mitanand
San furt in der Nacht in an anders Land. —
In den Wald hamm g'haust aar an etlichi Füchs',
Die armi Teufi wissn vo' nix,
Es hätt' wohl a Hasl von weitn oan' gsegn,

Es hat ihm aber nix zurufa mögn'
Und koa Hirsch und koa Bock hat ihna 'was gsagt,
Daß morgn sollt' sey' a so grausami Jagd.
Jetz' san halt die Füchs' schö' sauber 'bliebn
Und habn umsunst ihna Schleicherei trieb'n
Und d'rauf in der Früh', ja grad für an' Jux,
Der ersti derschosseni is gwest a Fuchs.
Und richti' san s' alli derschoss'n worn
Und sunst nit a Hasl nit hint' und vorn.

Verstehst es, mei' Freund, was des G'schichtl bideut't?
Schau so geht's in der Noth aa die bös'n Leut.

Allewei' Gott vor Augn.

„Bhüt' Gott und bleib' schö' sitzn da,
„Geh' grab a wen'g in d' Kircha na'
„Und reiß' ma' fei' koa' Bliemi 'zamm',
„Mir müßn s' für 'n Herr Pfarrer habn."

Zum Büabi hat's der Vater g'redt,
Dees hockt schö' an an' Bloamabett,
Pfüt' Gott, sagt 's Büabi, 's is schö' recht,
— Obwohl 's gar gern a Bliemi möcht'.

Und wier er furt is, denkt der Kloa',
Es werd ja bo' so viel nit thoa',
Wann i' an oanzig's Nagerl brock',
Es san ja buzedtweis am Stock.

Da brockt er oa's, ah Narr, die Freud!
Die Schönheit und die Herrli'keit,
Zwoa aber waarn halt schöner bo',
Da brockt er aa des zwoati no'.

Jetz' no' des dritt' und no' a' Paar,
A' Buschn wur's, es is scho' wahr,
Da müßn aber mehra her! —
Da brockt der Bua halt kreuz und quer.

Und singt, dieweil er Alls zerrupft
Und Alls in kloani Fetzln zupft:
„Wo ich nur bin und was ich thu'
„Da schaugt mir Gott mein Vater zu." —

— Der Alti in der Kirch' denkt dro',
Wie er a Roß verkaafa ko',
Dees Roß is blind und dampfi' is's
Und hat im Huaf den größtn Riß.

„I gib's halt wohlfi, — ah warum?
„'N Hansl giebst es, der is dumm,
„Halt na! 'n Sepp, der zahlt no' mehr,
„Der is ja no' der dümmer der.

„Scho richti' ja, der geht mehr ei'
„Und 's werd' in allerklügstn sey',
„I' häng' ihm z'erscht an' Dampes o',
„Damit i' leichter handln ko'."

Und schau, dieweil er so studirt,
So hat er 's Mäu' gar fleißi' g'rührt
Und bet't mit Vaterunser gnua
Den längstn Rosnkranz dazua. —

So! habts nur allwei' Gott vor Augn! —
O kunnt mer Enk in Kopf' nei' schaugn,
Wie oft steckt da 'was anders brinn
Als für 's Gebet a' frumma Sinn!

Die gfahrlinga Wünsch'.

Es hat a Jager auf Gambsein 'birscht,
Die habn en so viel g'freut;
Und hat ihm denkt, waar no' mei' Berg
So lang wie d' Ewigkeit,
Und waar er no' so schiech und wild
Von Kopf bis auf'n Grund,
Daß wohl der hundertst dra' berschraak,
Und da nit eini kunnt.
Da hat er g'moant, waar ihm alloa
Vor gar koan' Grab'n bang
Und waar er g'fahrli', wie der will,
Er waget jed'n Gang.
So steigt er furt, steigt auf und o'
Und Graabn ei' und aus,
Auf oamal steht er an 'ra Wand,
Da kon er nimmer 'naus.
Und ko' nit ruckwärts und nit für,
Dees is ihm nie passirt,
Wo Sakra, denkt er, bist denn jetz',
Jetz hast di' gar verirrt.
Er schaugt und sicht weit um und um

Und nix als Stoa und Gwänd
Und hat sein' Berg und sei' Revier
Wahrhafti' nimmer kennt.
Und Gambsein sicht er Rudlweis,
Ko' aber nit dazua,
Ko' si' nit rühru auf den Fleck
Und sitzt ihm halt grad gnua.
Jetz' is ihm bengerscht anders worn
Und trauri' schaugt er no',
Von weiter kemma is koa Red',
An' j'der fallet o'.
Da sicht er bruntn tief in Thal
A ganzi Jagerschaar
Und sicht koan' Weg', wo s' eini' san,
Dees is ihm wunderbar,
Und sicht oan' 'bundn an an Baam,
Was dees bideutn kunnt,
Er denkt, der is do' besser dra'
Als i', waar i' so brunt'!
Und kaam daß er des Ding ihm denkt,
So steht er an den Baam,
Und is der 'bundne gwest und moa't
Er lieget in an Traam.
Die fremdn Jaga habn viel g'redt
Und endli' kemma drei
Mit Bixn und die sag'n ihm,
Jetz' bet', 's is glei' vorbei!
„Was waar jetz' dees, hab' Enk nix tho',
„I' woaß ma ja von nix,"

Scho' guat, so habn die andern gsagt
Und langa nach der Bix,
Und legn nettet auf ihm o',
Da fliegt a Fink vorbei,
O denkt er, waar no' i' der Fink,
So waar i' bengerscht frei;
Und wier er 's denkt, so fliegt er scho'
Und is a Vogl worn
Und fliegt, er woaß gar nit wohi',
Hat woltern b' Schneid verlorn.
Da stoßt a großer Geyer ro',
Kaam kimmt er ihm no' aus,
Der Geyer nach, o Gott koa' Busch,
Koa' Baam, o Angst und Graus!
Er fliegt schier todt von Wand auf Wand,
Der Geyer nachet dro',
Auf oamal nimmt 'n der bein Kragn,
Da schreit er, was er ko'.
Und bei den Schroa, is gwest vorbei
Des ganzi Hexenwerk,
Und er auf an bekanntn Platz,
Und wieder auf sein' Berg. —
Is's gwest was anders, ob'r a' Traam,
Er hat si' nit verkennt,
Und is als wie a gfehlter Fuchs
Von selln Fleckl g'rennt.
Und hat ihm weiter nimmer denkt,
Das er was bsunders möcht
Und war ihm j'ßa sei' Gebirg,

Wie 's ebba g'west, scho' recht. —
So wünscht oft mancher auf der Welt
Und büsset's nacha schwaar,
Wann unser Herrgott Alles thaat
Und nit der Gscheutre waar.

Mei' Himmi.

I woaß an bsundern Himmi,
Do haust koa Heiliger drinn
Un dengerscht is der Himmi
Wie oaner nach mein' Sinn.

Der Himmi hat a Paar Fensterln,
Schaugt aber koa Sternerl 'raus,
Hat aa koa goldeni Sunneuhr
Und macht ihm aa nix b'raus.

Der Himmi is a Hüttn
Und just decs g'fallt mer dro',
Wie's drinn so schö' und liebli',
Ma' siecht's ihm gar nit o',

I moan' du kunnst's derrathn,
Was in den Himmi waar,
Ja ja es ist mei' Dicndl,
Und die is so viel raar!

Und muaß i amal sterbn,
J gieb mi' willi' d'rei',
Wann s' grad mi' mit mein' Himmi
In Himmi laßn 'nei'.

Denn meiner muaß a Stückerl
Gar gwiß von den dort sey',
Und wo dees Stückerl fei'n thuat,
Da setz' i's wieder ei'.

Petzmaiers Zitherspiel.

Wann Er, der Moaster, auf der Zither spielt,
So luust ihm Alles, Jung und Alt,
Was Schön's und Freundli's in der Musi' is,
Des hat er sauber in der Gwalt.
Und hörst ihm zua, so sichst babei
No' in Gedankn allerlei.

 I' sich' a Diendl, dees in stiller Nacht
 Den lieb'n Mond am Himmi drob'n betracht',
 Den Diendl feit was, is jetz, was da will,
 Den trauri is's, dees sagt mir 's Zitherspiel.
 Der Mond werd freili' nit sei' Unglück sei',
 Verliebt is 's Diendl, dees bild' i mir ei',
 I' stell' mirs für gar jung no' und gar schö',
 Und ihra Seufzn thuat mir nachet geh', —
 Du armer Narr, i wollt' daß i 'was fund,
 Was bir und mir danebn helfe' kunt.

Und wie i uns a so bedauern thua,
So klingt was Lustigs aufamal dazua,
Da hör' i singa Schnaderhüpfln sei'
Und frischi Buabn hör' i pfeife' drei'.

Dienbl wo feit's
Und was habn's dir denn 'tho'?
Hat dei' Schatz di' verlaßn,
Nimm mi' dafür o'.

Du muaßt dir nit denka,
Für di gaabs a Zeit,
Wo Scherzn und Liebn
Dei' Herz nimmer freut,

Denn so a frischs Dienbl,
Dees laßts nit glei aus,
Drum laß uns oans tanzn
Und mach dir nix b'raus. —

Und lüfti und schneiti
Gehts aufamal zua,
Es braaht si' fei' 's Dienbl,
Es schnackelt der Bua.

I hör' die Trompetn
Von Tanzbob'n raus,
Vor Leut und vor Musi
Schier wackelt dees Haus.

Und drunter und drüber
Geht Alls durchananb,
Es is als wann Kirter waar
Ueberall im Land. —

Und in an Winkl sitzt an alter Jagersmo',
Der fangt ihm aa' an uralts Gsangl o'
Und schnurrt im tiefn Baß und schlagt mi'n Fuß an Takt,
Weil alti Löber aa die Musi packt.

„Hon oft gschoßn, singt er, auf an guatn Hirsch,
Oft auf b'Gambsein aa scho' gmacht a feini Birsch,
Auf Egidi alleweil und Barthlmä
Ischt a frischer Jager bei der Höh.

„Ho' am Kogl oft an' Spielho' falzn g'hört,
Ho' mi' drum, als waar's a saubers Dienbl, gscheert,
Wann der Spielho' falzt und gruglt auf'n Schnee,
Ischt a frischer Jager bei der Höh.

„Ho' von Schießet oft an schön'n Fahna g'holt,
Für mein' Schatz a Tüechei, wann mar's Glück hat gwollt,
Bei an Schießet und bei'n Dienbl ja voneh,
Bin i' woltern gweft aa' bei der Höh."

Und eh' der Alti mit sein' Gsangl still
Kimmt a Harpfn und an Orglgschpiel
Und die Landler wieder tanz'n drunter raus;
Und mei' Herz, es kennt si' nimmer aus.

So geht der Wechsl und sei' Zitherschlag'n,
Es is, als wie dees Wasser von an See,
Balb is's so glatt und ruhi, wie'r a' Spiegl
Und Sternein schaugn eini von der Höh,

Bald kimmt a Sturm und hörst die Welln brausn,
Und nacher wieder hörst a frumms Gebet,
Als thaat da oaner drum 'n Himmi danke
Daß ihm sei' Schiffei no' nit untergeht. —

So ko' ma wohl a bisl 'was verzähl'n,
Was aus der Zither außa bringt der Mo',
Des Rechti aber, des oan dabei rigelt,
Dees glaab i' nit, daß's oaner sagn ko',
Schau b'schreib' an Regnbogn no' so fei',
Sei' Lebta werds koa Regnbogn sei',
Und so gehts mir mi'n Gschpiel von sell'n Mo',
Drum sag' i, kimm und hör dir'n selber o'.

Der Fuchs und der Has'.

Es is amal gar was Seltsam's gschegn,
Ma werd ebbes selles so leicht nimmer segn,
A Has' und a Fuchs san mitanand ganga
Und der Has' der vertraut an Fuchs a Verlanga.
Schau, sagt er, i ho' no' koan' Menschn gsegn
Und 's waar ma wahrhafti gar viel dra' glegn,
Du kennst gwiß oan'
Und i no koan',
Geh' zoag mar an' Menschn, i bitt' di' b'rum,
Daß i aa do' amal zu den Anblick kumm'.
Scho' recht, sagt der Fuchs, dees ko' leicht sei'
Und maust a so hinter den Has'n drei'. —
Da segn s' auf an Feld an kloaleizinga Buabn,
Der sitzt in an Acker und frißt a Ruabn,
Sagt der Has', da schau, ob dees koaner is,
„Na, na, sagt der Fuchs, decs woaß i gwiß,
Dees werd erst a Mensch, verstehst mi' mei' Kind,
Es geht mit an' Mensch'n nit gar a so gschwind."
Jetz kemma s' ins Holz, steht an' alter Mo',
Der hackt ihm da Daarn, der Has' schaugt 'n o',
Is dees nit a Mensch, so fragt er den oan',

„„Na na, sagt der Fuchs, da fichst aa no' koan',
Dees is oaner gwesn und is koaner mehr,""
Und wier er so reb't, kimmt a Jager daher.
Der Has' macht a Mannl und schaugt wie a Luchs,
Sollt' dees oaner sey', so fragt er 'n Fuchs,
„„Ja ja du, der is's, jetz' schaug' 'n recht o!""
Er aber schiebt o' und macht si' davo',
Und 's Hasl hat gschaugt, auf oamal päpūm,
Der Jager hat gschoß'n, da kuglt er um.

Da siechst auf a Haar, wie's auf der Welt geht,
Wer an' Schlanggl vertraut, der is allzeit labet.

Der Mensch.

Der Mensch is wie'r a' Juchtnstiefi,
Der thuat in Anfang aa koa guat,
Muaß viel d'erfahrn und viel schlucke',
Bis daß ihm 's Wasser nix mehr thuat.
Und taugt er 'was und is er z' braucha,
So is er alt, werd nimmer neu,
Und nacher, es is ganz natürli',
Is aa' der Gschpaß gar bald vorbei.

Der Thaler.

'Raacht an' alter Mo' sei' Pfeifei,
Schaugt an' junga Madl zua,
Seiner Godl, die hat Arbet,
Führt s' zun Tanz ja heunt der Bua!
'S Madl putzt sie vor 'n Spiegel,
Hot a' seide's Mieder o',
In sein' Gschnür viel' alti Thaler
Hänge' durchanander 'dro'.
Hat's gar nöthi' vor den Spiegl,
Setzt sei' Rieglhaubn auf,
Ah dees waar a Rieglhaubn
Da san reichi Börtln drauf!
Tauseb! bis die Rieglhaubn
Auf den rechtn Fleckl sitzt,
Daß in schwarzn Haar dees Silber
Wie si' 's ghört, schö' glanzt und blitzt,
Dees is 'was, da draaht si' 's Gsichtl
Duzedmal bal' hin bal' her,
Endli' thuat se 's und sie denkt si',
Schö' bin i', wie koani mehr.
„Muaßt die Thaler aa no' richt'n

Sagt der Göd, ma' sicht s' ja nit,
„Bal' s' so durchanander pampin,
„Hast jetz' da koa Freud damit?"
Richt't halt 's Madl aa die Thaler
Und da reißt ihr oaner a',
„„Magst nit mitgeh' du zum Tanzn,
„„Is oa' Ding, so bleibst halt da."" —
Hui da pfeift's, der Schatz is druntn,
„„Kimm scho'"" und sie fliegt davo' —
„Daßdi daßdi mit die Diendln
Brummit nach der alti Mo';
„Was do' schlauberisch die Juge'd!
„Laßt ihm frei den Thaler hint',
„Hört und sicht nit so a Diendl,
„Bal's a' Tanzl wo verwindt."
Jetz' bitracht't er ihm den Thaler,
Setzt dazu sei' Brilln auf,
Schau da is an' alter Kurfürst
Max Emanuel is drauf;
„Glaab dir's gern, magst nimmer tanzn,
„Du hast mit die Türkn 'tanzt,
„Selm da habn wohl andri Geiger,
„Andri Fidlbögn g'schanzt.
„Gel' jetz' is der Handl anders,
„Schaugt der Türk gar baasi her,
„Bal's so furtgeht, wie s' verzähln,
„Giebt's bal' gar koan' Türkn mehr,
„Selm da hat's no' beißn braucha,
„Selm is gwest a' scharpfi Zeit,

„Und do' hat der Boar halt gwunna,
„Schau dees hat mi' allwei' g'freut.
„So a Thaler an an' Mieda!
„Na! der Thaler bleibt bei mir,
„Müßt i' nit mei' Godl kenna,
„Nimmt a' Tüchei gern dafür;
„So an' Thaler muaß mar ehrn,
„Weil's an' Angedenka is,
„Daß der Boar 'n Türkn gemoastert,
„Wie der no' 'was gwesn is!"

Von der Agnes-Bernauerinn.

'Redt an' alter Spanglermoasta
„Rührts Enk Buabn und klopfts frisch b'rei',
„Daß die Helm fei' sauber funkln,
„Morgn müßn s' firti sey'."

Sagt a' Gsell: „„Was werd denn aufg'führt,
„„G'wiß a' hitzi's Ritterstuck?""
„Freili'! 's hoaßt d' Agnes Bernau'rin
„Wo se s' stürzn vo' der Bruck,

„Hast 'es g'segn amal?" „„Scho' zwoamal,
„„So viel woana müssn b'rum,
„„Tause'd! daß ihr gar Niem'd g'holfa,
„„Is scho' 'ganga woltern krumm,

„„Und dem Hauptlump na', dem Vizdum,
„„Dees is gwest des schönsti no',
„„Dem is nix g'schegn, laßn 'n laaffa,
„„Was i' mi' da g'irgert ho'!""

Sagt der Alt': „da hat's mei' Vater
„Anders g'richt' bei'm Faberbräu,
„Wo s' aa' g'schpielt hamm, 'denks als Bua no',
„Bin i' gwest amal dabei.

„Wie s' dees armi Frauerl grausam
„Abag'stößn vo' der Bruck,
„Hätt' ihm aa' derselbi Schlaanggl
„Woaßt es, kloatweis zogn z'ruck,

„Aber da, mei' Vater seli'
„Hat glei' g'schrie'n: 'n Vizdum 'nei!
„'Nei' damit in b' tiefest' Gumpn,
„Denn a Grechtigkeit muaß sey'!

„I' schrei' aa' und All's hat g'schrie'n
„'Hamm die Ritter freili' g'schaugt
„Und den oan' hat's hübsch verdroßn,
„'Hamm scho' g'mirkt, daß's ihm nit taugt,

„Aber 's ganzi Haus hat g'scholtn,
„Z'letzt natürli' ganz verbuzt
„Hamm 'n richti' a' Paar Ritter
„Mitt'n 'nei' in b' Dunau g'schutzt!

„Jetz' is na' a' Gaudi g'wesn!
„Denn wann hundertmal oa' sagn,
„'S waar' a' Gschpiel grab, a' Kamedie,
„Ko' ma's dengerscht nit vertragn,

„Und grad wohl 'tho' hats uns alli,
„Daß's' den Spitzbuabn aa' b'erwischt.
„Daß er hat b' ersaufa müss'n,
„Wo'r er gern für ihm 'was g'fischt."

„„Recht habts, Moasta, sag'n die G'selln,
„„Morg'n muaß's wieder a so sey,
„„Und wann b' Ritter nit bra' woll'n,
„„Schmeiss' mer 'n Vizdum selber 'nei'!""

'S Krampfringl.

Da schau! a schöni Tyrolerinn!
„Kaaf mer was o, geh nimm d'r was mit,
Besser wohl kriegscht koani Handsche nit
Oder die Pfeifn, ischt ja a Pracht,
Ischt gar raar von an Gambsstrickl g'macht,
Schau a Paar Federn, thu' her dein' Huat,
Laß es probirn, bi stenga br guat,
Oder a Ringl von Stoabockhorn,
Ischt für 'n Krampf oft verschrieb'n worn.""
'Denk mir, was Handsche, was Federn und Ring'
Dees san ja bengerscht grab unnützi Ding,
'Kaaf weiter nix, schaug' aber Alls o',
Grad daß i 's Diendl recht o'schaugn ko';
Tause'd! die Aug'n, dees waarn a Paar,
Die weißn Zahnerln und dees schwarzi Haar,
Wahr is's, dees Diendl da aus'n Tyrol
Hat mer scho' g'falln, wie koani so wohl.
Wie i' do' endli' davo' gange' bi',
Kimmt s' ma halt gar nimmermehr aus 'n Si'
Und auf amal, da hon i was g'schpürt,
Hat ma so gschpaßi mei' Brust z'ammag'schnürt,

'Woaß nit warum und dees laßt mi' nit aus,
Grab als wollt' ebbes zun Herzkaschtn 'raus.
'Denk ma, bist krank, und glei' fallt's mir ei',
Dees muß a Krampf, ja a Krampf muß's sey'.
Suach mir gar gschwind die Tyrolerinn;
Sitzt s' wie a Ros'n in Labl drinn,
Bua ja so fei', wie Milch und wie Bluat,
Justement, wie mar's so maln thuat.
'Kaaf mer a Ringl von Stoabockhorn, —
Is mir aber nit besser worn, —
Sie hat's wohl gsagt, er waar dafür guat,
Daß er 'n Krampf vertreibn thuat,
Will's aa nit laugne', dees ko' oft sey',
Aber allemal trifft's nit ei'.

D' Keßlreibn.*

„Steckst a' Kreuz auf d' Keßlreibn
„Muaß der Teufi draußtn bleibn."
'Hats die alt' Urschl zu'n Lisei gsagt,
Steckt a' Kreuzl auf d' Reibn,
„So! Lisei', so! und bal' d' Weillang hast,
„Thua dir's mit Betn vertreibn,
„So! pfüth di' Gott, wann d' Wocha 'rum,
„Kimm i' scho' wieder zu dir;
„Schaug' ma' fei' fleißi' auf d' Kalma auf,
„Treib' f' in' Grabn nit für,
„D' Kalma san fürwitzi', san halt jung,
„Steign gern überall 'rum,
„Gahling d' erstürzet si' nacher oa's,
„Hätt' mar an' Unglück d'rum.
„So! pfüth di' Gott!" — und b' Urschl geht,
'S Lisei is jetz' alloa,
Is zun erschtnmal auf der Alm,
Hat viel z' richtn und z' thoa'.
Nacht is's wor'n, durch b' Klumpsn in' Dach

* Der zum Drehen eingerichtete Trägerbalken des Milchkessels.

Scheint der Mon' scho' rei',
'S Diendl legt si' a'm Kreister hi',
Bet' und schlaft bald ei'. —
Pumps an der Thür! — d'erschrocka fahrt's auf
„He, was geits, was is's?"
„„Thua ma' no' auf, i' bi's, der Hanns,
„„Arbet' bei der Riß.""
 „'Kenn' di' nit, woaß nix vo' der Riß,
 „Laß di' aa' nit 'rei',
 „Geh no' weiter!" — und 's Diendl denkt,
 Kunnt' gar der Teufi sey'.
Gront der Ander' und fluacht und stößt
An der Hüttenthür,
„'S Kreuzl steckt auf der Keßlreibn,
„Kimmst nit 'rei' zu mir."
Geht er halt endli', a' Zeitl b'rauf
Pumps! klopft's wieder a'.
„Wie? laß' mi' ei' liebi Senderinn,
„Daß i' mi' wirma ko'.
„Thua ma' no' auf, i' geh' scho' weit,
„'Bi dir gwiß bikannt,
„Der Kaschper, der Pechler mi'n krummbn Fuß,
„Woaßt es, der von' Land."
 „„Kenn' i' koan' Kaschper und thua dir nit auf""
 Fallt's ihr mit Schricka ei',
 Der Teufi geht krummb, der kunt' gar leicht
 Der Lucifer selber sey'. —
Sifra und Safra! er pumpert bös,
Bringt aber b' Thür nit auf,

'S Diendl schaugt und 's Kreuzl glanzt
Scheint der Mond just d'rauf.
Sikra und Sakra, z'letzt geht er halt bo',
'S Diendl überlaaffts ganz kalt,
Bal' dees so furtgaang', du lieber Gott,
Ah dees waar' a' G'walt.
Schlaft wieder ei' und schlaft gar guat,
Pumps! und a' Juchezer d'rauf
„Lisei! bist d'rinn, wie laß' di' bo' segn,
„Lisei, geh thua mar auf" —
Hat 's Lisei gluust, „„Bists ebba du,
„„Der Anderl, der Jagabua?""
„Freili'! mach' auf, es werd scho' Tag,
„G'schlafa hast gwiß scho' gnua"
„„Narret, der Anderl! der lustigi G'sell!""
Springt wohl 's Diendl von' Bett,
Schiebt ihm gar fröhli' 'n Riegl weg,
„„Dees is der Teufi net!""
Grüß' di' Gott hi' und grüß' di' Gott her,
Schaugn s' anander gern o',
Geit viel z' fragn und z' schwaatzn viel,
Dees aa' der Bua guat ko',
Geit viel z' scherzn und no' so a' B'suach
Is halt 's Lisei verteit,
Denkt an nix anders als an den Buabn,
Au weh, dees is g'feit,
Kratzln die Kalma 'rum wie s' mögn,
'S Diendl nimmts nit in Acht,
Hat aa' mi'n Schmalz und mi'n Butterrührn

Weiter nit viel b' ermacht.
Kimmt die alt' Urschl und hat grab g'schaugt,
Was is mi'n Lisei g'schegn,
Tappt umanand, vergißt auf All's,
Ninderscht bringts nix z'wegn.
„Werd's do' der Teufi verhext nit hamm,
„Sich' ja mei' Kreuzl no'" —
Und an alter Hüter der hört
Ihra Gjammer o'.
„„Urschl, sagt er, und hat a so g'lacht,
„„Von meiner Hüttn da drent
„„Hon i' wohl g'segn wer kimmt und geht,
„„Wer um's Lisei rennt,
„„Steckst a' Kreuz auf b' Keßlreibn
„„Muaß der Teufi draußtn bleibn.""
„„Aber Urschl, i' sag' dir dees,
„„'S Kreuzl is nit g'nua
„„Bal' um b' Weg' mit seini Schlich
„„A' junga Jaagabua,
„„Dees is der Teufi, verstehst es jetz',
„„Da find' ebbes dazua,
„„Daß er scheucht a' Keßlreibn,
„„Ehnder is koa' Rua.""

Die Ordnung.

Es hat der Blitz an' Esel derschlag'n,
Da hat si' a Distl g'freut,
Der hätt' mi' gfreßn, hat s' ihm denkt,
Jetz bin i' in Sicherheit.

Die Distl hat a Bübi 'köpft,
Da hat si' a Bliemi g'freut,
Hat gsagt, so a steche'bi Nachbarschaft
Verwünsch' i' allizeit.

Dees Bliemi hat a Diendl 'brockt,
Da hat si' a Grasl g'freut,
Hat gsagt, die hätt' mi' schier d'erstickt
Mit ihrer Eitelkeit.

Dees Grasl hat a Bach verschwemmt,
Da hab'n si' b' Stoaner gfreut,
Habn gsagt, jetz segn ma bo' aar amal
'N Himmi sei' Herrlikeit.

Ja Sakra! wann auf selli Weis'
Ei' All's in Weg umgeht,
Was sagn s' denn, daß auf der Welt
Die größti Ordnung b'steht?

„Dees is ja b' Ordnung daß an jds
Dees mehreri will sey',
Und 's is aa guat, sunst schlafet ja
Die ganz' Camedi ei'."

Wie's oan' g'schegn ko'.

I' ho' mi' mei' Lebta'
Um d' Diendln nit g'schert
Und i' ho' koani wolln,
I' ho' koani bigehrt.

Und schau, wie's oan' g'schegn ko',
In Samster auf d' Nacht,
Da sich' i' a' Dirn,
Die mi' narret schier g'macht.

'S is gwesn a' schwarzi,
Wie Kohln die Augn
Und bildschö von' Fuaß auf,
No' die thaat' ma' taugn.

Drauf is's mir in Sunnta'
Gar gschwind wieder g'schegn
Und i' ho' in der Kirch
No' a' schöneri g'segn,

A' flachshaaret's Diendl
So rosi' und rund,
Ja, daß ma's wohl feiner
Nit aufmal'n kunnt',

Und Augn hats' g'habt
Wie der Himmi so blau,
I' ko's nit vergeßn
Dees wunderlieb' G'schau.

Und in Monda' da sitz' i'
In Wirthshäusl d'rinn
Und i' denk' an die Diendln,
Ho's allzwoa in' Sinn,

Auf oamal geht d' Thür auf
Und kimmt oani 'rei',
No' viel tause'bmal schöner
A' Spitzbua will i' sey'!

In' Freyta' no' hon i'
Koan' oa'zigi mögn,
Und jetz' reißn mi' drei,
Schau a so ko's oan' g'schegn.

Freising und Landshut.

Freising is a' schöner Nam',
Der den Name' gebn,
Dees is gwest a' brava Mo',
Denn frey singa wann ma' ko',
Nacha freut oan' 's Lebn.

Freysing is, Ees wißt es ja,
Z'nachst bei Landshut glegn,
'Moa' schier gar, daß dees bideut't:
„'S Land am bestn hütn Leut',
Die frey singa mögn."

Wahr is's, der so baasi thuat,
Nix als loami brütn,
Der nimmt aa für's Vaterland
Gwiß nit gern a' Bix in b' Hand,
Der werd's nit viel hütn.

Aber a' guater Landshuter,
Dees is gwiß a' jeder,
Der an' Sang liebt frisch und frei'
Der is in der Noth babei,
Der ziegt gern von' Leder.

D'rum so lang' die Name' no'
Nachbarli' 'was geltn,
Ja so lang' geht's allwei' g'recht,
Wann aa oan' oft lustn möcht'
Ueber b' Zeit'n z'scheltn.

Aber thaatn die Nam' amal
Nimmer anander kenna,
Nacher, Bua, waar's freili' g'feit,
Nacher, sag' i', durfts die Zeit
Wohl a' schlechti nenna.

A Gschichtl.

Es san amal drei Studentn,
'Rum g'roast in boarischn Wald,
Da is ehna 's Geld ausganga,
Dees gschicht an' Studentn bald,
Da habn s' studirt gar fleißi',
Wie kemma mir jetz zun an' Geld, —
Da wolln s' a Camedi spiel'n,
Wie koani no' gwest auf der Welt.
Sie richtn si' her an' Tenna,
A Thürl hintn und vorn
Und schreibn an' großmächtinga Zetl,
Dees Stückl hoaßt „Euach verlorn."
Und mitten in Tenna als Fürhang
Da zieg s' a Blocha auf
Und mal'n von alli zwoa Seit'n
Den Name' Theater drauf,
Es kost't der Platz grad an Groschn,
Der oa' der schreits überall 'rum,
Die andern an die zwoa Thürln
Empfangen das Pubelikum,
Und laßn von hintn und vor'n

Halt eini, was eini geh' kunt,
Der Fürhang in Mittl dazwischn
Is gwest, versteht si', herunt'.
A Groschn grab für a Camedi',
Da habn s' den Tenna bald voll
Und Alles thut anbächti' wartn,
Was ebba da kemma soll.
Es will si' aber nix rühr'n,
Was is denn da bra' Schuld?
Bald stampfa und klopfa die Leutln
Und endli' reißt die Gedulb.
Da hat amal oaner in Fürhang
An tüchtinga Zug auf tho',
Jetz schaug'n die hintern die vöbern
Anander großmächti' o'!
Und is ja wohl gwest a Camedi',
A Gaudi hintn und vorn
Und neit dees verkündigti Stückl
Des ghoaßn hat „Suach verlorn." —
Natürli' die drei Student'n
San zeiti' mit'n Geldl davo'
Und habn sie 's derweil nit vertrunka,
So habn sie 's ebba no'.

Der Jaga.

(Mit zwanz'g Jahr'.)

„Wann grab' i' aa was kunnt' verzähl'n,
Was bsunders moan' i' vu' der Jagd,
So von an' Wolf, den i derschoßn
Und der mi' schier bein Kragn packt,
Von Luchsfang oder von an' Bär'n,
Weg'n meiner von an' Murmithier,
Mir aber will gar nix passir'n,
Kaam bocklt so a Has' zu mir;
Jetz' bin i scho' drei Jahr a Jaga
Und no' koan' Wildschütz hon i' g'segn,
I woaß nit, wie's die andern macha,
Denn die' is alli 'both was g'schegn."

(Mit fufz'g Jahr'.)

„Ja ja, den Wolf denk' i' mei' Lebta',
Er hat mi' schier bei'n Kragn 'packt,
I' schieß ihm aufi dreizehn Post'n
Und moanst, i' hätt 'n mehr dafragt?
Als waar er halt mit Eis'n bschlag'n,

So is er furt als wier a' Pfei',
Bei so an Thier, bal' 's recht verwildert,
Da nutzt koa' Pulver und koa' Blei.
Und nett is's gwest so mit an' Bär'n,
I' kimm amal nach Steyermark,
Da geit's es gnua und selli Loder
San wie die Ochsen groß und stark.
I' hör' da von an Bärnjagn,
Natürli' bin i' glei' dabei,
'S is gwest in Winter und zun gspürn
Hat's gschniebn just den schönsten Neu.
Mir kimmt der Bär, — bi' nit derschrocka,
Koa bißl, laß 'n woltern her,
Und wie's ma taugnt hat zun Schieß'n,
So schrei i' 'n o', da schaugt der Bär, —
Bua nett auf's Blaßl hon i' 'n gschoßn
In Kopf, i' ho' mei' Schußloch g'segn,
Der Bär stürzt abi in an Grabn
Und is a Weil da bruntn g'legn,
Auf oamal is er wieder 'worn,
Und kratzt ihm wie a Hund in Kopf,
Kratzt b' Kugl 'raus, wer sollt dees glaabn
Und trabt davo' der brauni Tropf!
I' ko' die Kugl heunt no' zoagn,
Sicht wier a Vierazwanz'ger aus,
Ja Bua a Bär der hat an Schädl
Nit anders wie'r a gmauerts Haus.
Und wie mir ihm san nachi ganga,
Da hat's erst gebn no' an' G'spaß

Da treff' mer auf a Duzed Wildrer,
Verstandn? von der irgstn Race,
Was thua i'? 'fang glei' 'raus die größt'n
Frei' mit der Hand, a Stuck' a drei',
Bua dees damacht so leicht nit oana,
Dees is nit grad a Gschpielerei!
Die Jaga, no' i' denk's mei' Lebta,
Die hab'n freili' gafft und g'schaugt,
An jeder woaßt, muß ihm's halt macha,
Wie daß er's ko', und wie's ihm taugt."

———

Gel' sagst, was ko' ma' do' derleb'n
In so an etli' dreißig Jahr', — —
Ja 's Lügn ko' ma' prächti' lerna
Verstehst mi, und a Jaga gar!

Schutzengl.

Auf an' jds Kindl
An' Engl giebt Acht,
Sitzt an sein' Bettl
Bal's schlaft bei der Nacht.

Wacht allwei fleißi,
Laßt's nit aus 'n G'sicht,
Daß halt den Kindl
Koa' Unglück nit gschicht.

Bal' 's Kindl größer werd,
Frumm, brav und treu,
Bleibt dersell Engl
Sei' Lebta dabei.

Guat Nacht.

Guat Nacht, sagt 's Diendl zu sein Buabn
Und ko' nit weiter geh',
Guat Nacht sagt er, hat's bei der Hand
Und bleibt halt aa no' steh',

Guat Nacht und nochamal guat Nacht, —
Da schaugn s' anander o'
Und sie sagt nix und er sagt nix
Und do' geht koans davo'.

Da kimmt der Mond gar herrli' 'rauf
Am Himmi, ah die Pracht,
Da habn s' no' a Viertlstund
Den schön'n Mond bitracht',

Da singt a Vögerl in an Busch,
Den luusn s' aa no' zua,
„Was muaß dees für a Vogl sey',"
Fangt wieder o' der Bua.

Sagt sie: „„den Vogl trau' i nit:
Der Vogl is nit g'recht,
Es schlafa alli Vögl scho',
Woaß Gott, was der no' möcht'.""

„Was traust denn du den Vogl nit,
Fragt weiter drauf der Bua,
Den Vogl geht sei' Schatzerl o',
Sunst gaab er scho' an Ruh'."

„„Geh' dir fallt allzeit so 'was ei',""
Hat 's Diendl drüber g'lacht,
Und üb'r a Weil' da sagn s' anand'
Zum viertnmal guat Nacht.

Da fliegt a Fledermaus vorbei,
Da hat si' 's Diendl 'duckt,
Sagt er: dees werd' dees Vögerl sey',
Moanst, daß's di' ebba schluckt?

„„Ja ja mei Muatter hat's oft g'sagt,
Auf b' Fledermäus' gib Acht,
Und bleib dahoam, bal's finster werd,
Drum jetz: a guati Nacht!""

So habn sie's no' a schöni Weil
Mit ihnern Abschied g'macht
Und san schier gar nit firti' worn
Vor lauter: guati Nacht. —

Die Lieb' hat halt an großn Fleiß
Und arbet Tag und Nacht,
Und wann aa Alles schlafa thuat,
Is sie no' auf der Wacht.

Der Fürst Löwnstei'.

Dan' hon i' 'kennt, an' bravn Mo',
Triffst nimmer leicht an' sellan o',
Der hat wohl aus der altn Zeit
A' Schneid no' g'habt und Fürstli'keit.
Der hat nit denkt an ihm alloa,
Hat mögn für Andri aa' 'was thoa,
Und bal' er oan' hat helfa 'kinnt,
So is's aa' g'schegn gern und g'schwind.
Dees is koa' Zuckermaannl gwest,
Dees allwei' hockt in' warma Nest
Und 'rumflackt hinter die vier Wänd',
Damit 's ja b' Sunna nit verbrennt,
Der hat a' bißl anders tho',
In Krieg voro', in Jagn voro',
Und hat 'n just koan' Seufzer 'kost't,
Bal' 's G'sicht a bißl is verrost't.
Dees is gwest der Fürst Löwnstei',
Bal' der auf Boarischzell is 'nei,
Auf Teger'see und 'nei' in's Kreut,
Da hat si', wer 'n kennt hat, g'freut.
Da habn s' gjuxt „Heunt kimmt der Fürst!"

'Is dro' koa' Jaagabua verdürst't,
Und Alles hat 'n g'segn gern
Und freundli' 'grüßt den guatn Herrn.
Da is auf d' Gambs na' g'arbet' worn,
Aa' mancher Hirsch hat 's Lebn verlorn,
Da hast no' g'segn a' Jaagerei,
Daß oa's hat g'habt a' Freud dabei.
Da hat koa' Treiber 's Steign g'acht',
Hot er no' ebbes füra 'bracht,
Der Fürst hat an an' jdn denkt
Und Alls gern thoalt und gern verschenkt.
Jetz' is's vorbei, — kimmt Jagnszeit,
Der Fürst fahrt nimmer 'nei in's Kreut,
Fahrt nimmer 'nei auf Tegernsee,
Hört nimmer juchzn vo' der Höh'.
Der Fürst is g'storbn, tröst' 'n Gott,
O mei'! thaat ihm a' Fürbitt noth,
Der Herr wur' nit verlassn sey',
Gern schließt 'n j'ds in's Bettn ei'.

Die Hochzet von Aßling.

In Aßling is Hochzet, da gehts durchanand,
Es draahn si' die Dienbln mit Bliemin und Band',
Es springa die Buabn, daß der Tanzbodn kracht, —
Und draußtn is's still, is a mondhelli Nacht.
  Und a Kranzljungfer gar a jungi no'
  Macht si' weg von Tanzn, schleicht si' staad davo',
  Is ihr denn vielleicht was Unrechts gschegn,
  Denn gar trauri' hon i s' gsegn.
    In an Fenster loant s' und denkt,
    Bin' ihm gwest so weni' werth?
    Hat ma' do' a Ringel gschenkt,
    Oft a Sträusl aa verehrt.
    Jetz an' andri nimmt er si',
    Grad als wann i gstorbn waar,
    Ganz vergeßn hat er mi',
    Ganz vergeßn hat er mi', —
    Und es werd' ihr 's Herz so schwaar.
Kimmt die Braut: „Ja Lene, was waar dees,
„Bist jetz gar auf alli Buabn bös,
„Daß b' nit tanzn thuast, nit lusti bist,
„Ho' di' ja mei' Lebta' nit so g'wißt."

Sagt die Lene: Woaßt, i rast' a weng,
'S is ma halt mei' seibe's Mieder z'eng,
Bi' scho' lusti', — schau 'n Mond, wie hell er scheint,
Is a Nacht so schö', wie koani, heunt.
„Allemal, 's is ja mei' Hochzetnacht,
„Gel' drum hat der Mond a selli Pracht,
„Paß' nur auf, er scheint dir aa scho' no',
„'Sich ja 's Ringl scho' in Finger bro'."
O dees Ringl, sagt die Leene, nimm's für di',
Dees is so sei' Lebta nit für mi',
Du hast leicht a größer's Gfalln dro', —
Und sie steckt der Braut ihr Ringl o'. —
Und der Hochzeiter kimmt und a Landler fangt o',
Er führt mit an Juchzer sei' Weiberl davo',
Es draahn si' die Diendln mit Bliemin und Band
Und Tanzn und Musi' rebelln durchananb.
Und 's Stündl hat gschlagn und b' Hochzet is aus,
Mit Scherzn und Singa geht Alles nach Haus,
Und Alli hamm's traamt von der lustinga Nacht
Und habn in Schlafa no' tanzt und no' glacht,
Grad oani in Kammerl alloa, hon i gmoant,
Thuat nit wie die andern, grad b' Lene hat gwoant.

Die Mühl'.

Mei' Vater sagt, da moanst ja do'
Der Teufi hot sei' Gschpiel,
Was steckst ma' denn jetz' alli Tag'
Da brunt'n in der Mühl?!

Mei' Muatter sagt, des Klappern da,
Dees freut di' do' nit viel,
Bei'n Spinna magst koa Radl hör'n,
Und alleweil in der Mühl!

Mei Bruada sagt, in Summa ja,
Da is's da drinn schö' kühl,
In Winter aber woaß i' nit,
Was thuast benn in der Mühl?

Mei' Schwester sagt, i' kenn' mi' aus,
I woaß scho', was er will,
Es is halt's 'Bier bei'n Müller guat,
Drum sitzt er in der Mühl. —

Und i' sag' nix, koa Wörtl nit,
J' bi' gar mäuslstill,
Schau, wegn der schön'n Müllerinn
Geh' i' so gern in d' Mühl.

's Liedl.

Es sitzt a Dienbl auf der Laabn,
Sie is gar schö',
An' alter Krarler kimmt und sicht s',
Da bleibt er steh'.

Du bist ja fei', so red't er 'nauf,
Wie b'Engeln schier,
'Wollt' für an' Himmi sorgn scho',
Gaangst grad mit mir.

Des Dienbl sagt, da gehn i' drum
Meinoab koan' Schritt,
Den Himmi, den ma' du versprichst,
Den mag i' nit.

„A Bliemi aber lieber Schatz,
„Dees schenkst ma do',
„A Bliemi von dein Mieder schau,
„Dees gfallt ma so."

„„Dees Bliemi hon i' von mein Buabn,
„„Dees laß' i' nit,
„„Und woll's ma was zun Gfalln thoa',
„„So gebt's an Fried.""

„So will i' grad a Liedl hör'n,
„A Lied von dir,
„Dees Ringl da von feinst'n Gold,
„Dees kriegst dafür."

Und 's Diendl sagt, a Liedl ja,
„„Dees fallt mar ei',
„„Es is wohl schö', 's kunnt' aber leicht
„„No' schöner sey'.""

Da schutzt der oa' sei' Ringl 'nauf
Vor lauter Freud',
Er denkt ihm, du werst do' no' mei',
'S braucht halt a Zeit.

Und 's Diendl singt: wie trauri' schaugt
A Krautkopf aus,
Der in a Ros'n si' verliebt,
Es is a Graus.

Und singt: was macht a Pudl do'
A gschpaßigs Gsicht,
Wann ihm an Katzl auf an Baam
In d'Augn sticht.

„Hör' auf, wo haft bees Liedl her,
I ho' scho' gnua!" —
„„A junger Jager hat mar's g'lernt,
Dees is mei' Bua.""

Wie schaugt der Tod aus?

Es hamm an 're Buach die Blaatln in Mai
Gar lusti' bischpert und g'lacht,
Da sagt der Ast wo's drauf gwest san
„Ees Blaatln nemmts enk in Acht,
„Denn der Tod bal' enk mirkt na' seyds gschwind hi',"
„„Ja was? wie sicht denn der aus?""
„Paßts auf, er hat Flügl und schaugn a'm Kopf
„Zwoa Recha, wie Hörnln 'raus,
„Und hat vieli Füß' mit Kralln dra'
„Und an' Harnisch schwarz um 'n Leib
„Und wann er daherkimmt surrt er und summst,
„Und der frißt enk zu'n Zeitvertreib." —
— Danebn in' Gras hamm aar oa' g'redt,
San etlichi Maikäfer g'west,
Da sagt der oa' „Gebts Acht auf 'n Tod,
„Daß der nit find't enker Nest,"
„„Ja, sagn die andern, wer is denn der,
„„Was schreckst uns, wie schaugt er denn aus?""
„Hui boshaft! dort steigt er mit Sporn an die Füß'
„Voller Federn, hochmüthi' um's Haus,
„Hat an' Schnabi wie Stoa', den hackt er enk ei'

„Und an' Kamb auf 'n Kopf wier a' Drach,
„Bals 'n sechts, nacha roasts, sunst seyd's verspielt.
„A' Gackern dees is sei' Sprach." —
— Und nacha bei'n Haus hamm Hennen g'redt,
Und a' Gockl führt 's großi Wort,
„No' nit leichtsinni', sagt er, sunst kimmt der Tod
„Und na' giebts Graus und Mord."
Sagt a' fürwitzi's Hendl „den kenn' i' scho',
„„Er muaß a' Kramer sey'
„„Weil er überall der Boa'lkramer hoaßt,
„„'Paß schon auf, den gehn i' nit ei'.""
„Dumm's Ding, schreit der Gockl, a' Kramer, gehst,
„Ganz haari' und mit vier Füeß
„Und schleppt a' Ruathn nach ellnlang
„Und hat dir Zähn' wie Spieß'!" —
— Und wie dees gwest is hockt in Wald
A' Fuchs bei die Junga am Bau
Und sagt „vor Alln denkts mer an 'Tod
„Und hütt's enk und acht's 'n g'nau,
„Er geht auf zwoa Füeß gar groß und lang
„Und graab und grea is sei' Rock
„Und tragt an an' Riema a' grausigs Ding,
„Es is an' eiserna Stock,
„Und deut' er mit den Stock auf oan',
„Na' bunnerts und g'wiß und wahr
„Na' schlagt enk der Blitz und wirft enk hi'
„Und 's Lebn is aus und gar." —
— Und um diesell Zeit is a' Jaaga gstorbn,
Was hat 'n um's Lebn 'bracht?

A' Keiler hat 'n so wüthi' g'schlagn
Und hat ihm 'n Garaus g'macht. —
— A' Käfer, a' Henna, a' Keiler, a' Fuchs
Und a' Jaaga, wer woaß was no',
Und in All' geht der Tod auf 'n Fang umananb
Und ranklt si' überall o',
Jetz' woaßt wier er ausschaugt, a so und a so:
Es is halt amal a' Gebot,
Wie oa's auf der Welt vo' den andern lebt,
Is oa's aa' für's anber' der Tod.

S' Gebet.

A gar kloans Dienbl mit der Muatta
Hat in der Kirch' in Sunnta' 'bet't
Und is halt gwest so voller Andacht,
Als wann s' es glei' recht nöthi' hätt';
Dees hat der Muatta gar guat g'fall'n
Und nach der Kircha sagt s' dazua:
Du bist amol a recht a' frummi,
Du hast scho' 'bet't in aller Fruh',
Was hast jetzt' 'bet't, dees muaßt ma' sag'n,
Du Schatzerl du, so brav und nett,
Und 's Maderl sagt auf ihra Frag'n:
„Daß d' Kirch bald aus werd, hon i 'bet't."

Der Bua vo' Wimbach.

„In Wimbach hat's a rogl's Gwänd',
Bua dees vergiß fei' nit,
Und wag' bei'n Birschn nix umsunst
Und acht' auf jedn Schritt',
Und denk' fei' an die Nebi'n aa,
Die san gar gschwindi da,
Denn alles Jaagern hat an' End',
Fallst ebber amal a'." —
Der Förschter sagt's, der Bua der geht,
Ihm weiter is nit bang,
In Fürwitz denkt er, extra machst
Jetz' heunt an' scharpfn Gang.
Da steigt er über 's Zirbneck
'N hocha Watzmann zua,
Da is's an' diem wohl fürchti wild
Und bengerscht wagt's der Bua.
Und wie er steigt, wo gar koa Baam,
Koa' Laatschn nimmer steht,
In lauter Felsn, lauter Gwänd',
Wo 's grausi aba geht,
Da ziegt a weißer Nebi 'rei',

Von Hoch=Eis kimmt er 'rauf,
Ziegt gschwindi 'rüber über b' Schneid
Und gegn 'n Watzmann 'nauf,
Und nit an' Vaterunser lang,
So sicht der Bua nix mehr
Und allewei' no' irger kimmt's
Und eisi' kalt daher.
Wo aus jetz' o du armer Bua
In so an' schiechn Ort? —
Da denkt er wohl gar kümmerli'
An' Förschter seini Wort,
Denkt an sei' alti Muatter z'Haus,
O Gott, wie's gschegn kunt,
Der Nebi bleibt oft Wochelang,
Na' liegst wohl todter brunt'.
Und finster werd's und b' Nacht bricht ei',
'S geht ihm durch Mark und Boa',
Wann's saust und raffit ober ihm,
(So thuat an' diem' a Stoa',
Der abafallt und der in Fall
No' andri mit ihm nimmt,
Da moanst ja bo', so grausi' is's,
Der leibi' Teufi kimmt.) —
Und gwesn is's a' langi Nacht
Und werd koa' bessrer Tag,
Da red't an' Engel ihm in's Herz:
Trau Gott und nit verzag! —
Da hat er 'bet't und nit für ihm,
Grab für sei' Muater z'Haus,

Daß s' nit der Gram um's Lebn bringt,
Kaam er just nimmer 'naus,
Und schau, wie b' Noth am größtn gwest
Und er si' kaam mehr halt't,
Da rührt si' 's unter ihm und wachst
A Zirbn aus an' Spalt,
Und weiter abi wieder so,
Der Bua verwoaß si' nit,
Er packt die Zirbn und laßt si' ra'
Und glückli' gehts damit;
Und Zirbn stenga auf amal
Bis abi über b' Wand
Und geb'n ihm an' sichern Halt
Bei jed'n Schritt für b' Hand.
So steigt er furt, schier halber tobt,
Da geht der Nebl aus
Und wieder sicht er frei in's Thal,
Sicht wieder 's Förschterhaus,
Kimmt zu der Muatter wieder hoam,
Dees hätt' er nimmer denkt, —
So hat ihm Gott für sei' Gebet
In Gnadn 's Lebn g'schenkt. —
— Koa' Zirbn is mehr gstandn dort,
Wie's hoater worn is,
Und grausi' schaugn wie voneh'
Die Stoa' und Felsnriß. —

'S adeligi Diendl.

Mei' Diendl hat gar vieli Name',
Mei' Diendl muaß von Adl sey',
Sie hoaßt die lieb', die schö', die lusti'
Und Lene hoaßt s' und hoaßt die mei'.

Sie hat aa gar a fürnehm's Wappn,
A Rosn, die steht oben o'
Und drunter is a schneeweiß's Herzl,
Da hängt a silbers Kettl dro'.

Ihr Stamm is aa so guat wie oana
Und blüh'n thuat er, wie der Mai,
Alt is er nit, und i muaß sagn,
Dees find' i just so schö' dabei.

Und 's is mir aa koa' bisl z'wider,
Daß mar 'n nit überall woaß und nennt,
Denn schau, es hat halt seini Sachan,
Wann so an Stamm a jeder kennt.

Und 's Wappn thuat a Löw' biwacha,
Verstandn, und der Löw' bin i',
Meinoad! i ließ's nit aus dees Diendl,
Ja ehnder z'reißn ließ i mi'!

Der Baam in Paradies.

Es steht a Baam in Paradies,
Der hat a raari Blüh',
'S geit auf der Welt viel' schöni Baam,
An sellan sicht ma' nie.

Es sitz'n vieli Engerln 'rum,
Die gebn wohl brauf Acht,
Denn an den Baam, verstehst mir', wachst,
Was d' Menschen glückli' macht.

Und wann's in Himmi dunkl werd
Und Feierabend is,
Geht unser Herrgott allemal
Durchs ganzi Paradies,

Und schaugt ob Alls in Ordnung is
Und schaugt den Baam aa o',
Und wann's 'n freut, so nackt er
Und schüttlt a wen'g dro';

Da fall'n die Bliemin auf die Welt
Mit Herrlikeit und Pracht
Und den a so a Bliemi trifft,
Den hat er glückli' g'macht.

Der woas oft gar nit wie ihm gschicht
Und kennt si' gar nit aus,
Die 'bratne' Taubn flieg'n ihm
Von selber in sei' Haus,

Und werd gar gschwind a reicher Mo',
Wie's halt an bieweiln is,
Dees kimmt von sell'n Schüttln her,
Von Baam in Paradies.

Und weil dees Gschichtl nit derlogn,
So hat ma' 's Sprüchl gmacht,
Und hast es gwiß gar oft scho' ghört:
„Es kimmt 's Glück über Nacht."

Der Lanks (Lenz).

Juche! der Lanks is wieder kemma,
Vun Himmi singa b' Lercherln 'ra',
Der Muatter Gottes ihri Vögerln,
Die Schwalb'n aa' san wieder da.

Und auf die Berg is's schö' und aaba
Und wieder geht der Wasserfall,
Und Kerschn blüh'n und feini Bliemin,
Es is a Gartn überall.

O schöner Lanks, thaatst no' grab bleibn
Und gangst so gschwindi' nit davo',
Kaam aber kimmst, so gehst scho' wieder,
Ha sag', was habn s' dir ebba tho'?

Gej rupfa thien s' di', macha Sträußln,
Und Bliemin nimmt, wer grab oa' mag,
I' sag' dees ko'st halt du nit leibn
Und zürnst di' brüber alli Tag'.

Versteh' mi' recht, i nimm koa' Bliemi,
I' laß dir s' gern, bleib' grab bei mir,
Geh' bleib' bei mir a bisl länger,
I' dank' dir tausendmal dafür.

An die Dachauerinna.

Enk Madln und Weiber vo' Dachau
Soll freundli' mei' Liedl da lobn,
Schau weil Enk 'n Kopf no' koa' Modi,
Koa' Frembthuarei hat verschobn.

Ees tragts Enk no' grad wie vor Zeitn,
A' Stolz is drinn, daß ma's soll segn,
So tragn si' b' Dachauerinna
Und daß se's nit anderster mögn.

Der Stolz is scho' g'recht und er g'fallt ma'
Und waar' nacha 's Gwandl wie's will
Und kunnts aa' in Faltnen 'was sparn,
Desselbi bideut' ihm nit viel.

Sunst hat ma' wohl g'segn aar in Münche'
Die Miederln und Rieglhaubn gnua
Und is dir a' rosi' fein's Gsichtl
Wahrhafti' guat g'standn dazua.

Jetz' aber gel' moana gar Vieli,
Wann's genga französisch daher,
Sie waar'n na' a' wolters Stuck besser
Und tragn koa' Rieglhaubn mehr.

A' sellener Stolz bideut' weni',
Glei' gar nixn, muaß ma' da sagn,
Und i' moa es werd selm der Napoleon
Nit extre so viel danach fragn.

D'rum lob' i' enk Dachauerinna,
Bleibts treu enkern Stolz sammt der Tracht
Und wann aa' an' diewei'n in Müncha
A' Stutzer d'rum kritlt und lacht.

Die Farb'.

Wie ma' verthoalt hat auf der Welt
Die Farbn 's erstimal,
Da hätt' der Fuchs a' greani mögn,
Hat g'sagt, ihm waar gar viel dra' g'legn,

Denn Grea', dees thaat in Augnan wohl,
Waar aa die Hoffnungsfarb,
Er möcht' koan' Menschn zwider sey',
Und Grea', dees waar halt so viel fei'.

Wegn meiner hat der Engl g'sagt,
Der d' Farbn hat verthoalt,
Bals d' brav bist, sollst dees Gwandl tragn,
Der Fuchs hat dankt, ja nit zun sag'n.

Jetz' is er grea' gwest wier a' Laab
Und hat so baasi tho',
Als waar halt er die guati Stund,
Als wann er nit siebni zähln kunnt.

Und stiehlt si' a' gar gschwind in's Holz
Und schleicht dahi' in Gras,
A' Hasl schaugt 'n freundli' o',
Da hat er den erstn Schnapper tho',

Und nimmt's glei' mit, als hätt' er grad
A' wen'g a' Muckn g'fangt
Und frißt's und klaubt ihm gschwindi b'rauf
Am Feld a' Hendl aa no' auf.

Dees greani Gwandl hat ihm taugt,
Weil er nit sichti gwest,
Beim Tag da hat er Gschäftn g'macht
Und prächti' gschlafa bei der Nacht.

'S is aber bald a' Mettn worn,
Wie daß der Fuchs so bös'
Und daß mar ihm no' hilft mi'n Gwand
Zun Stehln, dees waar ja do' a' Schand'.

Da hat's den Farbnengl g'reut
Und hat n' g'rufa glei'
Und streicht 'n unbarmherzi o'
Brinnroth und jagt 'n so davo'.

Jetz' sicht mar 'n halt vo' weitn scho',
Drum hockt er staad bei'n Tag,
Grad bei der Nacht da thuat's es no',
Daß er a' wen'g 'was stehln to'.

— Waar's bei die Menschen aar a so!
Da is's vergeßn worn,
Da geht der Spitzbua Nacht und Tag
In alli Farbn, wie'r er mag.

———

Der rechti Mo'.

Dem 's gleich is, is er, was d'er will,
A Henna odr a Ho',
Bua der bideut't ihm gar nit viel,
Is nit der rechti Mo'.

Der aber schneidi' is, verstehst,
Den koaner narr'n ko',
Und der was is und is aa was,
Dees is der rechti Mo'.

Der allzeit denkt, was soll i 's thoa',
I' ho' ja nix davo',
Der überall nix als gwinna will,
Is nit der rechti Mo'.

Der aber denkt, für guati Werk,
Da schaug koan'n Kreuzer o'
Und der an andern aa 'was gunt,
Dees is der rechti Mo'.

Der loami' is, sei' Lebta' nie
An Juchezer hat tho',
Na Bua, a so an' armi Seel'
Is nit der rechti Mo'.

Der aber lusti eini schaugt
In b' Welt, der gfallt ma scho',
Der juchezt, singt und rührt si' gern,
Dees is der rechti Mo'.

Jetz' hast es ghört und mirk dir's halt,
Was i' da 'predigt ho',
I' moan's ja guat, moan's aar a so
Und sey der rechti Mo'!

Koa' Trost.

Es hat a Diendl viel gscherzt und g'lacht
Is gwest so lusti und froh,
Und auf amal wie über Nacht
Thuat s' nimmermehr a so.

Ha Diendl, ha sag', was waar denn dees,
Ha sag' was is dir g'schegn,
Is ebba dei' schneeweiß's Katzl furt,
Dees d' gar so gern hast mögn.

Hat ebba der Wind dein' Nagerlstock
Von Fenster abi 'keit,
'S san gwest gar schöni Bliemin bra',
I' woaß's, die habn di' gfreut.

Hat ebber a böser Schauer gschlag'n,
Wie Kirter gwes'n is
Und habn d' Leut koa' Musi ghabt,
Gel' dees verdrießt di' g'wiß.

„„Koa Katzl, na, koa Nagerlstock,
Koa Schauer ko' dafür,
Mei' Bua, der is mer untreu worn,
Mei' Bua der laßt vo' mir.""

Mei'! Diendl, was is's um an Buabn,
Der dir sei' Lieb verkehrt,
Schau oana, der koa' Treu nit hat,
Der is scho' z'erscht nix werth.

Um so an Buabn is koa Schad'.
Hat aa' koan' Ehr in Leib,
Und wann er bi' lang gheureth hätt',
'S waar grad zun Zeitvertreib.

„„O mei' Gott ja, Es habts wohl recht
Und bengerscht, 'woaß nit wie,
So is ma', daß i' sterb'n möcht',
Den Buabn vergiß i' nie.""

Da hat dees Diendl bitter gwoant,
Der Ander' aa' is still, —
Es geit halt Sachan auf der Welt,
Da nutzt der Trost nit viel.

Der Gambsjager.

Wo 's Edlweiß blüht in der Felsnwand,
Da drobn bin i' gar wohl bekannt,
Da drobn freut mi' mei' Lebn sei',
J' moa', es kunnt' ninderscht schöner sey'.

Da drobn, da hast an' Fried' vor die Leut',
Da is's ihna z'hoch, es is ihna z' weit,
Da drobn bist mit dein' Gott alloa',
Da laßt si' All's leicht und fröhli thoa'.

Und mag oaner sagn, was er will,
Werd's dort auf b' Nacht so einsam, so still,
Und wann über d' Schraakn funkln die Stern,
So bet' i' wahrhafti no' so gern.

Moanst wohl a Gambsjager waar so arm
Und waar so verlaß'n, daß Gott b'erbarm'.
Es is nit a so, schau denk' no' dro',
Wie kaam er denn sunst mitn Lebn davo'.

Wie gleimer bein Himmi, wie sicherer bist,
Daß di' dei' Schutzpatron nit vergißt,
Herunt' in Gewurl, da kunnt's leicht gschegn,
Er thaat di' nit allemal richti' segn.

Und schau, der Teufi, sei' Lebta' nit dumm,
Der thuat si' herunt' aa viel lieber um,
Wo b' Mensch'n so Rudlweis beianand,
Da fangt er ja leicht oan mit der H a n d!

Da drobn, da thaats der Müh' nit o',
Es kunnt' ihm aa gschegn, er fallet ro',
Denn an' Jager den steht sei' Schutzengl bei,
Der Teufi hat koan', der kuglet glei'.

Drum bin i' gern drobn in meini Wänd',
Wo der Gambsbock auf und nieder rennt,
Wo b' Mankei'n pfeifa unter die Stoa',
Bi' gern mit mein' Gott da drobn alloa'.

Die Prob'.

I' ho' ma' denkt, bals b' heirathst
'Was bsunders suachst dir 'raus,
Und frag' an' kluagn Vettern,
Wie kennt ma' si' da aus.
Der Vetter sagt, „nix leichters,
„'N Steg kennst bei der Mühl',
„Da genga in an' Sunnta'
„In b' Kircha Diendln viel,
„Dort thuast am Weg an' Spiegl
„Schö' mittn eini legn,
„Und muaßt di' guat versteckn,
„Damit s' di' fei' nit segn;
„Jetzt nacha nimmst halt oani,
„Die, wann s' den Spiegl find't
„Nit eini schaugt, verstehst mi',
„Dees is a' bsunders Kind." —
Der Rath, der hat mir gfalln,
Und d'rauf in Sunnta' glei'
Leg' i' in Weg den Spiegl
Und richt' mi hi' babei.
Hab' nit lang wartn berfa,

So kimmt schon oani her,
A' groß's a sauber's Diendl,
Just wie's nach mein' Begehr.
Sie hat scho' gstutzt von weit'n,
Wie s' da dees Spiegerl sicht
Und über dees Verwundern
Macht s' gar a' liebli's Gsicht,
J' duck' mi' wie a Hasl,
Mei' Spiegl funklt schö'
Und 's Herz dees hat ma' gschlagn, —
Jetz' bleibt dees Diendl steh'.
J' denk' ma', schaug' nit eini'!
Ja wohl' glei' hat s' es tho',
Da schrei' i': Her mein Spiegl!
Und fang' von vorn'n o'. —
Wahrhafti' ganzi Rudeln
San kemma nach anand'
Und alli gaffa s' eini
Ah Sapprewalt die Schand!
Und z'letzt kimmt, möchst es glaabn,
A' Capaziner gar,
Und der schaugt aar in Spieg'l,
Da werst ja bo' a' Narr'! —
Jetz' woaß i's, ebbes bsunders
Is raar, i' kenn' mi' aus,
'Muaß scho' 'was anders nehma,
Sunst werd glei' gar nix b'raus!

's Bild.

In alt'n Gschloß bei unsern Herrn
Hängt in an' Gang a Bild,
Da stehn' i' oft gar lang davor,
So freundli' is's und mild.

Es is a Maaderl mit an Huat
Und mit an' goldern Gwand,
A sammets Bandl hat s' an' Hals
Und a Ros'n in der Hand.

Dees Bild is schier an' Alterthum,
Steht d' Jahrzahl aa' dabei,
Ja in an' Eck mit rother Farb'
Steht sechzehhundert drei.

O mei' Gott, die is aa lang gstorbn,
Wer muß s' wohl gwesn sey'?
A Fräula halt, a Gräfin gwiß,
Wie kaam s' denn sunst da 'nei'.

Und drei' schaugts', jung und liebli' grab,
Ho' nie so oani gsegn,
Wen hat s' wohl gern g'habt ihrer Zeit,
Was hat s' wohl für oan mögn? —

I' wollt glei', i' hätt' sellm g'lebt,
Es waar ma nett oa Ding, —
Geh' weiter du? was fallt dir ei'
Du waarst ihr bengerst z'gring.

Warum? bi' ja a saubrer Bua,
Wohl so a Madl werth,
Nit jedi Gräfin nimmt an Graf,
Dees hat ma oft scho' ghört. —

Jetz' schreibt mar achtzehnhundert vierzg,
Is aa koa' Freud babei, —
Mir waars vor Alters lieber gwest
Um sechzehhundert drei.

Die Irrwurz.

Der Bua kimmt spat zun Vatern z' Haus,
Der gront, wo bleibst so lang?
Der Bua hat Schmalz gholt von der Alm
Und fluacht: „Der Teufisgang,
„I' waar scho' gwiß drei Stund dahoam,
„Hätt' i' mi' nit verirrt,
„'Muaß auf an' Irrwurz 'tretn sey',
„Die hat mi' so verführt."
Der Schlanggl aber hat nit g'irrt,
Wie er da glog'n hat,
Bei'n Dienbl, bei der Sennderinn,
Da hat er si' verspat't.
„„Mei' mei! an' Irrwurz, sagt der Alt',
„„Dees machst ma' du nit für,
„„Wannst ebba gern hättst kemma mögn,
„„Du waarst nit ganga irr'.""
„Was? sagt der Bua, Ees wißt's es nit,
„Daß's selli Wurzn geit,
„Da schaug' i' no'! dees wissn ja
„Bei uns schier alli Leut'!
„Fragts unser alti Miebl grad,
„Die hat mar 's oft verzählt,

„Die kennt ſ', ſie ſagt, ſie habn a Farb',
„Wie bumpers Kupfergeld,
„Und wer auf ſo a Wurzn tritt,
„Der find't ſo leicht nit z' Haus,
„'S is grad, als wann ma' baamiſch wur',
„Ma' kennt ſi' nimmer aus."
„„So? ſagt der Vater, da ſchau her,
„„Mir weiter is's nie gſchegn,
„„A ſo a Wurz muaß ſeltſam ſey',
„„J' möcht' bo' oani ſegn;
„„Woaßt was, die Miedl muaß a ſo
„„An' etli' Wocha 'naus,
„„Muaß Laampi hüttn, da gehſt mit,
„„J' brauch' di' juſt nit z' Haus,
„„Da haſt zun Lerna ſchö' der Weil,
„„Wie's mit die Wurzn is,
„„Die Miedl is gar guat und brav,
„„Die lernt dir Alles gwiß,
„„Na' ſchaugts, daß's ſelli Wurzn finds,
„„Und bringts an etli' z' Haus,
„„Auf b' Alm derweil ſchick' i' mein' Knecht,
„„Der kennt ſi' beſſer aus."" —
Da geht der Alt', bös ſchaugt der Bua,
Und ziegt 'n Fuaß in b' Höh',
Jetz', denkt er, biſt auf b' Irrwurz 'tretn,
— Die Wurz thuat ſakriſch weh.

Die Teuflsmühl am Funtnsee.

Es sitzt a Jager am Funtnsee,
Der hat auf b' Mankein 'paßt,
Er schaugt auf b' Röhrn manchi Stund,
Wo ihm halt 's Mankei kemma kunnt.
Und wier er sitzt und schaugt und denkt,
So rappit's über'n See,
Da brentn steht die Teufismühl,
Heunt malt der Teufi woltern viel.
Ha, was er ebba maln kunnt?
Er malt a stoaner's Mehl
Und bacht ihm goldeni' Thaler draus
Und giebt s' zun Locka fleißi' aus.
„Mei'! hat der Jager für ihm denkt,
Lockt er die Leut a so,
Na' bin i' freili' sicher schier,
Es kimmt ja nie a Gold zu mir."
Und wier er's denkt, da glanzn b' Stoa',
Wo 's Mankei frisch hat gscharrt,
A goldner Thaler funkelt 'raus,
'n Jager überlaaft a Graus.
Es is a Thaler ja meinoab
Von feinstn gelbn Gold,
Ja wann er nit von Teufi waar,

Der Thaler war ja so viel raar.
Was fangt jetz' getz' der Jager o'?
'S is gwest a frummer Mo',
Er bet't und nimmt 'n Thaler mit,
An' Jaga stimmt koa' Teufi nit.
Er tragt 'n abi schau in's Thal
Auf Bertlsgadn zua,
Dort in der Kircha taucht er 'n fei'
In Weichbrunnkessel woltern ei'.
Gel'? dees derleidt koa' Satansgeld,
'S g'schpürts aa' der Thaler gschwind,
Und is a' Stoa' wahrhaffti' 'worn,
A' Stoa' wie s' san am Teufishorn.
Dees hat der Bösi nit versegn
Und werd fuchsteufiswild,
Und hat ä so ghaust in seiner Mühl,
Weil er verlorn hat sei' Gschpiel,
Daß alli Fisch in Funtnsee
Vor Schreck umgstandn san,
Drum geits dort, wie die Leut verzähln,
Koan' Saibling mehr und koa' Forelln.
Und weil 'n a Jaga so g'irgert hat,
Mag er koan' oanzign mehr,
Und von an Gold in die Mankerlröhrn,
Werst seit den Thaler nix mehr hörn.
No', daß i' 's nit vergessn thua,
Derselli Jagersmo'
Hat fröhli' g'lebt aa' ohni Gold,
Wie's halt der liebi Gott hat g'wollt.

Der guati Kerl.

I' bin a' guater Kerl,
Wer giebt ma' was dafür?
's hat si' no' koaner g'rissn,
Da will koa Mensch 'was wissn,
Nit oana 'was vo' mir.

Da hoaßt's, die guatn Menschn
San seltn auf der Welt,
Was nutzt mi denn bees seltn,
Wer laßt mi' b'rum 'was geltn,
Wer giebt mer an' Kreuzer Geld?!

Es san halt b' Leut' so sündhaft,
Daaß i' nit bees Guati mögn,
Wegn meiner, 'bi' gweft a' Perl,
Jetz' wer' i' a böser Kerl,
Bal's gschegn is, is's g'schegn,

Na' werb's glei' anders pfeifa,
Bal' 's hoaßt, bu dem trau' nit,
Der thuat koan' ebbes gunna,
Der Mensch ist nit verspunna,
Da kimm fei' aus damit.

— 'S is aber do' nix gwef'n,
J' will Enk fagn warum,
Nix g'lernt hat's g'habt die Perl,
Und für an' bös'n Kerl
Verstandn, war er z'bumm.

Scheibnschütznlied.

Hui auf, hui auf wer schießn ko',
Der richt' ihm heunt sein' Stutzn o',
Es glanzn b' Scheibna lusti 'rei',
Es waahn die Fahna so viel fei',
Schlagts die Kugl 'nei'! hui auf!

A Schuß is grab an' Augnblick
Und rund is b' Kugl, rund is's Glück,
Drum habts die Augna hell und frisch
Und zappelts nit als wie die Fisch,
Sunstn treffts 'n Wisch! hui auf!

Hui auf wann los der Pöller geht
Und prächti' die Maschin' aufsteht,
Der Zieler kaam sein' Augna traut
Und Alles laaft und fragt und schaut,
Bua da is so laut'! hui auf!

Und wann der Zieler springt und tanzt
Und 's Blei am gelbn Punkt'n glanzt,
Da giebt's oan' bis in's Herz an' Riß,
Wer nit a Nudlwalger is,
Ja ja dees is gwiß! hui auf!

Es lebe hoch der Schützuftand
Und kaam' der Feind in's Boarnland,
J' woaß, er bleibet gwiß nit lang,
Mir naahma 'n glei' als Kuglfang,
Ja als Kuglfang! hui auf!

Die guatn Ding'.

Alli guatn Ding' san drei,
Des erschti: g'sund und frei,
Des zwoati: a' brav's Wei'
Und 's dritti: Geld wie Heu!

Na! vier san alli guatn Ding',
An' Freund, den acht' nit g'ring,
A' Wei' langt nit so weit,
Kimmt ebber a' bösi Zeit.

Na! fünfi müß'n 's sey',
Denn schaugst nit lusti' drei',
Lebst dengerscht sammt die vier
Als wie a' Murmithier.

Na! sechsi, denk' no' dro',
Wie schauget mar di' o',
Hättst gar koan' Buabn nit,
Es waar aa' nix damit.

Na! siebni, wo der Bua
G'hört 's Diendl aa bazua,
A' Stubn voll Kinder glei',
Sunst is koa' Freud dabei.

Na! achti — Laßt's mi' aus!
J' sich's, i' kimm nit 'naus,
Die guatn Ding san viel',
Wer s' alli habn will.

Der Bocktrinker.

„Um elfi trink' i' 's ersti Glas,
Dees is die rechti Zeit,
So ghört se si' und anders nit
Bei sachverständigi Leut.
Um halbi zwölfi kimmt des zwoat'
Und is des erschti guat,
So woaß a' jeder, daß des zwoat'
No' so viel wöhler thuat.
Um zwölfi nacha kimmt des britt'
Des waar des b'est' meinoad,
Dans aba thuat ma' weh dabei
Und is ma' allzeit load,
Ma' sollt' halt nach den drittn geh',
'S waar gnua für in der Fruh',
So gschwindi furt von dera Freud,
Was sagst jetz' da dazua?
„„Ja no! es fallt an' Apfi aa,
Schau wann er zeiti is
Und bleibet gern no' auf sein' Baam,
Es giebt ihm halt 'n Riß,
'Hat Alls sei' Zeit und Alls sei' End',

Dees weist der Apfi aus
Und was dahier auf Erdn is
Dees hat koa bleibe'ds Haus."" —
„Jetz schaugts ma' ba den Obstler o',
Daß i an' Apfi waar!
Und stößt mi' aa der Bock, zun falln
Bin i' no' lang nit schwaar,
Mit deiner Predi' zieg di' du,
Dir seit's in obern Stock,
Mit deini bumma Aepfi'n da,
Die ghörn nit zun Bock! —
He eingschenkt! —

Der Nußhecher.

In Griechaland hon i' an' Nußhecher g'segn,
Wie hat mi' der Vogl gfreut
'S is a' guata boarischer Nußhecher gwest,
Nett wie er bei uns dahoam schreit.

Mit seini Flügl schö' blau und weiß
Vor meiner is er g'hupft,
O Nußhecher, hon' i' mir denkt, gieb Acht,
Daß di' koa Griech' d'errupft!

Er hat mi' nit 'dunkt gar bsunders wohlauf,
Ja no', bees glaab' i' scho',
Da drinn is's anders, wie heraus,
'Kunnt' aa' verzähln davo'.

Da wachst koan Doachbaam wie bei uns
Frisch, wie 'n a' Hecher liebt,
D' Olivn, die trauringa Felberbaam,
Die macha oan 's Herz grad betrübt;

Da hat er koa' Wiesn mit Bliemin d'rauf,
'S is Alls zun Tod verbrennt,
Und sicht er an' Vogl, so mirkt er's glei',
Daß er dra' koan' Freund d'erkennt.

Die griechischn Vögl, die mehrern san
Vom Habicht- und Adlergschlecht,
Bei selli Kammradn no ja, da kimmt
A' boarischer Nußhecher recht!

I' ho's ihm aa' gsagt: o Hecher mach',
Daß d' wieder in's Boarn kimmst,
Und i' kaaf' bir aa' gern no' an'· Oka Hanf
Schau wanns d' mi' aa' mit nimmst!

Der Weber vo' Wallgan.

I.

Es lockt der Teufi auf der Welt,
Er treibts bald so, bald so,
Und wer a'm rechtn Weg nit bleibt
Und wann er si' aa' nit verschreibt,
In's Unglück bringt er'n do'.

In Wallgau is a' Weber g'west,
Hat woltern 'was b'ermacht,
Is 's Schiffei g'flogn hi' und her,
Der Fadn g'sprunga kreuz und queer
Vo' Morgets bis in b' Nacht.

Da schaugt amal bei'n Fenster 'rei'
A' wilder schwarzer G'sell,
 „Den rechtn Fadn richtst nit o'
 „Nimm Messingdrath, bist besser dro'
 „Und Wildprat-Schlingen stell'.

 „Was sollst di' plagn wier a' Narr,
 „Was rackerst di' so 'zamm,
 „Da drentn steig' in Grasberg 'nei
 „Und weber' dir brav Gambsn ei',
 „Na' ko'st es lusti' hamm."

Hat's gsagt und furtgwest is er aa', —
Der oa' laßt 's Schiffei falln,
„Es ist scho' wahr, dort in die Wänd'
„Da kunnt' was geh', daß's koana kennt,
„Und thaat si' d' Müh' scho' zahln."

Und wo ma's in Oelgrabn hoaßt,
Da steigt der Weber 'nei',
Dort is vo' Gambs a' guater Stand
Und wechsln durch a' hochi Wand,
Dort richt't er d' Schlingen fei'.

'S Wei' hat wohl sorgli' gfragt „was geit's,
„Was hast dahoamt koan' Ruh?"
„„Sey staad, in Grasberg drent is Gold,
„„Dees suach' i' und wann's ebba wollt',
„„So hätt' ma' z'lebn gnua.""

„Du suachst koa' Gold in' Grasberg drent,
„Du hast 'was anders für" —
„„So suach i' Silber, ebba Blei,
„„Nit Alles z'wissn braucht a' Wei',
„„Laß no' mei' Suacha mir."

A' Zeit'l drauf, spat in der Nacht,
Da kimmt der Weber z' Haus,
Kimmt von an' wildn Felsnloch
Und aus'n Rucksack schaugn hoch
Zwoa schwarzi Krickln 'raus.

„Kent o' an' Spo', schau was i' bring,
„Frisch Weibets freu di' mit!"
„„A' Gambs?! Ja Gottsnam, wildern gar,
„„I' bitt' di' sag' es is nit wahr,
„„Mir graust, no' bees thua nit!

„Decht thuar i's, 's is koa' bummer g'west,
„Der mar's verrathn hat —
„„Na, na, nit trau, du werst es segn,
„„Es werd dir gwiß an' Unglück g'schegn,
„„O bhüt' uns Gottes Gnad.""

Da hat's vor'n Fenster höhnisch g'lacht,
Und fahrn zamm die zwee',
„Was is's da?" — schaugt der Weber 'naus —
„Dees is der Wind, is Niem'd um's Haus
„Alls hell, der Mond scheint schö'."

„„Na' Weber dees is nit der Wind,
„„Is ja a' stilli' Nacht,
„„Der bösi Feind geht frua und spat
„„Und laßt nit aus bis er di' hat,
„„Er is's der di' verlacht.""

„Dei' böser Feind, der scheert mi' nit —"
Und was ihm 's Wei' aa' sagt,
Der Weber schleicht in' Grasberg hi',
Hat nix als seine Gambs in' Si'
Und allwei' mehra g'wagt.

Sei' Janga tragt ihm hübsch a' Geld
Und aber nix b' erkleckt,
Hat's All's mit schlechti Leut vertho',
Desselbi richt't der Teufi scho',
Wann der dahintersteckt.

Wohl' diewei'n, wann er b' Fihrtn g'suacht,
Als hätt' er 'was verlorn
Und sicht die Almrosn steh'
Und Enzian und Rautn schö',
So is ihm seltsam 'worn,

Hat' denkt an manches Hochzetstuck
In dees er Bloamen g'webt,
Und wier er selm so redli' g'haust,
Und jetz' — und hat ihm nacha 'graust
Daß er als Wildrer lebt.

Und wir an' diem a' Sunnastrahl
Durch's Gwölk a' Wegl find't,
So hat's 'n g'mahnt „thua wieder guat"
Und hat ihm woltern g'rieglt 's Bluat
Vontwegn Weib und Kind.

Na' hat er aber wieder 'denkt
An seini schlechtn G'sselln
Und is ihm kemma glei' der Zorn
Thaat's hoaßn, er hätt b' Schneid' verlorn,
D'rum ließ er 's Schlinge'stelln.

Und allwei' wilder hat er g'sagt
„Is's do' von' Teufi g'richt't
Wie daß i' fang' und Schlingen braah',
So werd er mer scho' helfen aa'
Wann just an' Unglück g'schicht."

2.

Zwoa Jaaga sitzn auf der Wand,
Sie passn scho' drei Täg'
„Und schlieft der Lump dees Gaangl 'nei,
„So muaß er aa' gwiß unser sey',
„Geht ninderscht 'naus a' Weg."

A'm Steig'l d'rinn, am höchstn Ort
Da steht a' Mehlbeerbaam,
A' Schlinga dortn abalangt
Da hat si' d'rinn a' Gambsbock g'fangt,
Vo' braußt b' ersicht ma's kaam.

Jetz' steigt durch d' Laatschn oaner 'rauf,
Der Weber, birscht und schleicht,
Und wie'r er kimmt an selln Gang,
So bleibt er steh' und bsinnt si' lang,
Ha? fürcht' er ihm vielleicht?

Und eiskalt waaht's von' Grabn 'rauf'
Und kimmt die Jaaga für
Als höretn s' „Geh 'nei, geh 'nei'"
Und wieder nacha „Geh' nit 'nei',"
Hat ihna g'ruslt schier.

Jetz' steigt der Wildrer auf an' Stoa',
Da kon er weiter segn
Und sicht den Bock, na' geht er leck
In's Gaangl 'nei' zu'n schieche' Fleck —
Jetz' is's um b' Freiheit g'schegn.

Denn d' Jaaga springa für an's Eck
Und schrei'n ihm „'raus da, 'raus
„Und gieb di' g'fanga, nutzt di' nix,
„Sunst hilft dir aba no' a' Bix
„Und blast dir 's Liachtl aus!"

Drauf hörn s' n fluacha drinn in' Grabn
Und zischt 'was, saust und klingt,
„Da schau, die groß' Wand packt er o',
„Hilft ihm der Teufi, bal' er's ko'
„Und wann er durchi springt!"

Er springt nit durchi, sichst 'n fliegn
Mit Stoa' und Staab häbaus,
A' Stroach, a' Pumpser z' tiefest d'runt,
O Weber, g'schlagn hat dei' Stund, —
'Is nimmer kemma z' Haus,

Is kloa b' erfalln b'runtn g'legn
Schier hat mar'n nimmer kennt,
Weitum b' erspritzt die Stoaner roth —
Ma' hoaßts no' heunt bei'n Weber=Tod
A'm Platz, wo'r er verendt. —

So gehts wann oa's 'n Teufi traut
Und allzeit gehts a so
Und wer a'm rechtn Weg nit bleibt
Und wann er si' aa' nit verschreibt,
In's Unglück bringt er 'n do'.

Die Wünsch'.

Es sitzn beinander beim Bier
Kammradn a Stuck' a vier,
Die habn von Wünschn g'redt
Und weller dees mehreri hätt'.
Der oa' sagt, dees wußt i' bald,
I' wünschet mir grad an' Wald,
Mit dem ma' z' Kalch brenna kunt
Den ganzn Watzmann von Grund.
Der ander' sagt, und i' a' G'schloß
So weitschichti und so groß,
Daß der Kalch vom Watzmann nit langt,
Bis ma' 's Dach zun baua anfangt:
Und der dritt' sagt, i' wollt' daß i' fund'
So viel Geld, daß' Enk abkaafa kunt
Den Wald und dees ganzi G'schloß
So weitschichti und so groß.
Und der viert' sagt, i' wünschet mir schier
Nix anders als no' a' Maß Bier. —
Da habn die andern glacht,
Daß der's a so dalket macht,
Und drüber a' fremder Herr,

Der winkt' der Kellnerinn her
Und zahlt ihm no' zwoa Maß Bier,
Dem viertn da vo' die vier,
Die andern studirtn Füchs'
Mit ihneri Wünsch' kriegn nix.

Die Schwalbn.

Amal is gwest a' Vater,
Hübsch alt und aa' hübsch reich
Und der hat ghabt zwoa Buabn
Anander gar nit gleich.
Der oa' von denni Buabn
Is gwest vo' Herzn guat,
Der oa' dagegen a' falscher
Und von an' bösn Bluat.
Jetz' is der Vater g'storbn
Und macht die Buabn aus,
Es soll a jeder kriegn
Von ihm a' bsunders Haus,
Und dem zum erstn baua
Die Schwalbn unter 's Dach,
Der kriegt no' tausend Gul'n
Und no' a' Gaartl nach. —
Der guati Bua hat trauri,
Grad an sein' Vatern denkt,
Der anber' glei' begieri',
Wem 's Glück die Schwalbn schenkt.
Und wie die Schwalbn kemma,

So hat er nix als g'schaut,
Ob koani an sei' Häusl
Dees liebi Nestl baut.
'S hat aber koani mögn,
Jetz fallt dem Schlankl ei',
A' Muattergottesbildl
Dees lockt s' vielleicht 'rei';
Es g'hörn ja so die Schwalbn
Der Muatter Gottes zua,
„Die laß' i' mir' geh' maln"
Hat pfiffi denkt der Bua.
Und gschwind a Muatter Gottes
Werd gemalt, schö' roth und blau,
Mit Mond und Stern und Wolkan
An d' Wand hi' an sei' Bau.
Was moants, was is na' gschegn?
'Sammt All' den is's nix g'west,
Beim Brudern aber drentn
Da baun's des schönsti Nest.
Wie kimmts? der hat koa Bildl
Zun Helfa bei der Hand — —
— Was Heilig's drinn im Herzn
Is besser als an der Wand!

So iss bei'n uns in Boarnland.

Deutsch woll' ma' sey', san's allwei' gwest,
Aber boarisch woll' mer aa bleibn
Und haltn an unsern Kini fest,
Dees soll uns Niem'd vertreibn.

Frei woll' ma' sey', und aber aa' treu,
Und lassn uns d'rum nit scheltn,
Wo koa' Glaabn und Treu, is's a' Lumperei,
„A' Mann a' Wort" muaß geltn.

Grad woll' ma' sey' und redli' und frumm,
Dees Erbthoal woll' ma' d'erhaltn
Und kehret si' aa' die ganz' Welt um,
In den Stuck laß' ma's bei'n Altn.

So is's bei'n uns in Boarnland
Und d'rüber woll' ma' wacha,
Und wem 's nit recht in sein' Verstand,
Dem woll' ma's scho' recht macha!

Erinnerungen an Berchtesgaden.

Seinem Freunde und Jagdgefährten

dem Grafen

Arco-Zinneberg

zur

Erinnerung an froh verlebte Tage

gewidmet

vom Verfasser.

Der Schuß.

> Waidmann, lieber Waidmann, sag' mir an,
> Was ist weißer, dann der Schnee,
> Was ist grüner, dann der Klee,
> Schwärzer, dann der Rab',
> Und klüger, dann der Jägerknab'?
> Das will ich dir wohl sagen,
> Der Tag ist weißer, als der Schnee,
> Die Saat grüner, dann der Klee,
> Die Nacht schwärzer, als der Rab',
> Schöne Mägdlein klüger, dann der Jägerknab'.
> Alter Waidspruch.

Es re't a' Diendl zu sein' Buabn:
„Geh' Bua, laß's sey',
„Dees Wildern is a' gfahrligs Ding
„Und tragt nix ei'.

„Schau, wann a' Jaga bi' b'erwischt,
„Er schießt bi' todt,
„Was soll na' aus dein' Diendl wern,
„Du lieber Gott!

„Es hat's bei' Muatter aa scho' gsagt,
„Oft g'jammert scho',
„Thua's do' der altn Muatta z'lieb,
„Und laß' davo'."

Der Bua bitracht' sei' langi Flint',
Und sagt, a mei'!
„„I' möcht' halt aar an dietwein, schau,
„„A' Jaga sey'.

„„Und wann i' aar a' Böckei schieß',
„„Was schadt's denn viel,
„„I geh' ja so nit oft, meinoab,
„„'S is grad a' Gschpiel.

„„Und um die Jaga hab' koa' Sorg,
„„I' gieb schon Acht,
„„Und hat ma d'Gfahr deßwegn nie
„„An' Kumma g'macht.““

Da nutzt halt nix, was 's Dienbl sagt,
Der Bua mag nit,
Und schaugt in's Holz bees nett bei'n Feld
Grad etli' Schritt.

Und springt na' 'nei', grüßt nomal z'ruck,
Und geht davo',
Und wier aa 's Dienbl trauri' schaugt,
Er hats halt tho'.

'S is gwest am Ab'nd und justement
Geht b' Sunna ei',
Und hat gar schö' der Himml 'glanzt
In roth'n Schei'.

Da will jetz' 's Diendl hoam von Feld,
Und was hat s' g'segn?
A' Jagabursch kimmt her 'n Weg,
Ihr grad entgegn.

Der Bursch geht heili' in bees Holz,
O weh mei' Bua', —
Der Jaga sicht, daß 's Diendl schö,
Und geht ihr zua.

„Grüß' Gott, was thuast denn du no' da,
„So ganz alloa?"
„„Ho g'recht in Heu, ees sechts es ja,
„„Was wer' i' thoa'.""

„Laß sag'n, i' ho' di' in Verdacht,
„Daß d' wildern thuast,
„Und Wildrer muaß i' fanga, schau,
„Mit mir geh' muaßt."

Sagt 's Diendl, ho' nie schießn g'lernt,
Wie? laß' mi' schaugn,
Ob i' a' Bix b'ertragn kunt,
Und thaat ma' taugn.

Und nimmt ihm keck 'n Stutzn ra',
Der Bursch hat g'lacht,
Und sie hat tho', wie schwaar er waar,
Und Faxn g'macht.

Und wie se si' recht balket stellt,
Hat s' hoamli' g'spannt,
Und schießt, daß 's Echo weit rebellt
In ganzn Land.

„Du taused!" wirft sie's Gwehr am Bodn,
Und rumpit weg,
„Jetz gaab i' scho' koan' Tropfa Bluat
Vor lauter Schreck."

„Geht dees a so? „„Narr hast halt g'spannt,
„„Was fangst denn o',
„„Wie Sakra, da mit deini Gschpaß,
„„Wie hast denn tho'?""

„Woaß selber nit," hat's Diendl g'lacht,
Und hat ihm denkt,
Heunt fangst 'n nit, Gott Lob und Dank,
Heunt is's ihm g'schenkt.

Und wünscht 'n Jaga guati Nacht,
Derwei' der lad't, —
Was d'Diendln oft für Muckn hamm,
Wer's wohl d'errath't?!

Die Hölzer.

Amal is in an' Gartnhaus,
Was bsunders gschegn,
Schau, 's Holzwerk drinn hat mitanand'
'Was redn mögn.

Da sagt der Ahornstock am Tisch,
Sagt zu der Thür',
Wie kimmst ma' du, mei' feichtes Brett,
So nothi' für.

Ma' macht di' auf und macht di' zua,
Und na' is's aus,
Mir bringe' f' fleißi alli Tag
An' Bloamastrauß.

Und werd auf d'Nacht die Zither g'spielt,
So braucht ma' mi',
Und 'hamm's oft gsagt, i' gebet erscht
Die Harmonie.

Und kemma gar die junge' Herrn
Und kehrn ei',
Na' trink' i mit so manches Glas
Vom bestn Wei'.

Da sagt die armi Bretter-Tann',
I' bi' mir gnua,
'Schaug' in zwoa Zimmer aufamal
Und luuf' da zua.

Da sagt a' Kast'l in an' Eck
Vo' Buxbaamholz,
Mei'! prahlt's enk do' nit so, ees zwoa,
Thäats nit so stolz.

Schau, mir vertraut ma' 's Besti o',
Was 's ebba geit,
Was heb' i' nit an Silber auf
A' Herrlikeit!

D'rum muaß i' wohl fürnehmer sey
Und mehra werth,
Buxbaamesholz is so viel fei',
Ho's allwei' g'hört.

Jetz red't a' Trumm Machoniholz
Von Stickrahm 'raus,
Und aber koa's versteht dees Gwelsch,
Koa's kennt si' aus.

Und wie s' so plauschn, ruft an' Dach
Zum Fenster 'rei',
Geh', thäats nit dick, so lang's da brinn
Müßt's ei'gspirrt seh'.

Gottlob i' steh' in freier Luft,
Dees will i' lobn,
Und schaug' am Himmi, wie's mi' freut,
Die Sternei'n obn.

Und luag' in's Land, grad wie's ma' g'fallt,
Ko' schnaufa frisch,
Und plagt mi' nie koa' Bürstn nit
Und Flederwisch.

Und sich' 'n Bach sei' Lustbarkeit
Und freu' mi' dro',
Und schaugn mi' b' Bliemin von der Wies',
Vertrauli' o'.

Und lad' die Vögerln ei' zu mir
Auf's greani Dach,
Die singa mi', wann's Morgen werd,
Gar freundli' wach. —

Und wie s' es sagt, so fanga d'rauf
Die Vögl o',
Und singa, wie's im Frey'n alloa
A' Vogl ko'.

Da hat ſi'. ſchau der Handl drinn
Auf oamal 'draaht,
Hat ebba do' der Dachbaam recht?
'S ſan Alli ſtaad!

Der Doppiti.

Dees wollt' i', daß i' doppit waar,
Denn schau, a so alloa
Und oa'schick muaßt zu beiner Plag
Woaß Gott, was Alles thoa'.

Jetz' wann i' aber doppit waar,
So richtet si's gar schö',
Den andern ließ i' arbetn,
I' thaat spatzirn geh'.

Den andern ließ i' bei der Jagd
'N guatn G'hilfn sey',
I' setzet mi' am Wechsl hi',
Der ander' treibet rei'.

Und wollt' i' zu mein' Dienbl geh',
Und sollt' nit weg von Haus,
So müßt der ander' bleibn dahoam
Und i' gaang lusti' 'naus.

Und gebet's a' Verdrießlichkeit
Und kunnt mir oaner o',
Den andern ließ i' raaffa, schau,
J' machet mi' davo'.

Magst lacha, gel', was i' da sag',
Und bengerscht geit's gar viel,
Die hamm im Lebn die mehra Wei'
A' sellas Doppispiel.

Und etli' san wahrhafti' gar
Dreifach und vierfach b'setzt,
Da treibt der oa' nett, was 'n freut,
Die andern wern g'hetzt.

Bal' b' aber furt muaßt von der Welt,
Da thuats es nimmer schö',
Da nimmt di' oft der Tod alloa,
Laßt all' die andern geh'.

Die übergoſſn' Alm.

Bals d' aufi ſteigſt zum Blimbachthor,
Da ſichſt den ewign Schnee,
Wo dort jetz' All's d'erfrorn, is ſunſt
Wohl gſtandn ſchöner Klee
Und Woad für vieli hundert Küh',
An' Alm, wie koani mehr,
Dees aber is vor Alters gweſt
Und is ſcho' hübſch lang her.
Und ſelm, da hab'n Diendl'n g'hauſt
Auf dera Alm da drobn,
Die ſan wohl gweſt gar ſchö' und reich,
Sunſt weiter nit viel z' lobn.
Sie habn a' luſti's Leb'n g'führt,
Denn was die Alm' d'ertragn,
Wie Milch und Kaaj' und Butter g'weſt,
Dees ko' ma' gar nit ſagn;
Und weil's halt ſo d'ergebn hat,
San d' Diendln fürnehm worn
Und übermüthi', wie's halt geht,
Voll Hoffarth hint' und vorn',
Und hamm die Küh' mit Glockna ziert

Vo' Silber, Narr, a' Pracht,
Und d' Stier' die Horn auf's schönst' vergold't,
Und selli Sachan g'macht.
Und Wein vo' Salzburg Faßlweis
Hamm s' in die Keller g'habt,
Da hat an diem a' Jagabua
Sei' Noagl eini g'schnappt.
Statt aber, daß s' aa 'was b'erkennt
Und bet't hätt'n fruh und spat,
Hamm s' nie an unsern Herrgott 'denkt,
Nie b'ankt für so viel Gnad'.
Amal in ihnern Uebermuth
Hamm s' gar a' Straßn g'macht
Vo' lauter Butter über 'n Berg
Und hamm d'rauf tanzt und g'lacht,
Und daß der Teufi aa' was hätt',
Hamm s' gmoant, so soll er s' habn
Die Straßn, frißt er s' über Nacht
Mit seini Brüderln zamm;
Dees habn s' g'juxt und g'ruafa laut
Hi' geg'n die Teufishorn
Und gschrie'n: du, luuj' auf da brent
Mit deini lange' Ohrn.
Und hamm so furt tho', bis die Stern
Am Himmi scho' zun segn,
A' sellas Volk is kaam amal
Mehr auf 'ra 'n Alma g'legn.
O Uebermuth, du findst dei' End,
Du findst es oft gar g'schwind —

Um zwölfi Nachts an's Fenster stößt
Und pfeift a' scharfa Wind,
Und wie wann oana sterb'n thaat,
Hat's nacha draußtn tho',
A' schreckli's Seufzn hat ma' g'hört
(An' dieweiln hört ma's no'),
Und d'rauf a' Sturm is 'rüber g'saust
Von Funtntauern her,
So schiech, als waar's lebendi' worn
In groß'n stoanern Meer,
Als schlüg'n b' Felsn ananand
Wie Welln, grausi schwaar,
Als wann der Teufi mit der Höll'
Da aufi kemma waar.
Und 'kracht und dunnert hat's, als wann
Der Watzmann stürzet ei',
Als kaam vom Himmi a' Lawin'
Und schlüg' in b' Alm 'nei'! —
O heilige Muatta, steh' uns bei,
O schauderhafti Nacht
Da hat wohl All's in Berg und Thal
Mit Angst und Bet'n g'wacht.
Und wie der Tag na' kemma is,
Ko' so was Grausi's g'schegn?
Schau b' Alm' und b' Sennderinne' d'rauf,
Koa' Mensch hat s' nimmer g'segn;
In Schnee und Eis san's g'west vergrabn
Mit Hüttn, Kuh' und Kalbn,
D'rum hoaßt mar 's aa' no' heuntigs Tags

Die übergoßn' Alm.
Und is die Alm a' Zoacha, gel',
Wie's geht mi'n Uebermuth
Und wann ma' bl nd vor lauter Glück
Auf Gott vergeß'n thuat.

Der Auerho'.

A'm Ho'salz muaß ma' fruh bra' sey',
He Bua, wach auf!
Schö' glanzn d' Sternei'n, d' Nacht is schö',
Hallo steh' auf!

Da richt't si' zamm der Jagabua,
Geht 'naus ins Holz,
An' Auerho' möcht' er schießn gern,
Den Vogel so stolz.

Er schleicht und luust, bal' da bal' dort,
'S is Alles still,
Es rührt si' nix, ob ebba der Ho'
Nit falzn will.

Horch, dak und dak, ha ha da bist,
J' hör' di' scho', —
Jetz gieb wohl auf sei' Gsangl Acht,
Und spring' n' o'.

Da springt er, wie er 's Schleifa hört.
Oa's, zwoa und drei,
Und luust gar fleißi nach 'n Sprung
Und springt auf's Neu. —

Der Auerho' in seinem Sinn
Denkt an sein' Schatz,
Er hat zu seiner Lustbarkeit
Den schönstn Platz.

Er schnacklt schneidi', daß's a' Freud
Und schleift allboth,
Der Ho' meinoad is kreuzwohlauf,
Traamt vo' koan' Tod.

Wie d' Lieb so blind is, denkt der Bua,
Es is a' Graus,
Gel' d' Lieb! 's is g'schpaßi, und er denkt
An 's Lisei 'z Haus.

Für 's Lisei, moant er, bist du aa'
An' Auerho',
Da haltst gern aus und birschet di'
Leicht oaner o'.

No', wann b' 'n bringst den Vogel heunt,
Da werd s' wohl schaugn, —
Er freut si' in Gedanke' scho'
Auf ihri Augn.

Und drüber springt er, oa's und zwoa,
Jetzt halt! 's is gnua,
Der Ho' hört auf, was Sapprewalt,
Was springst no' zua!

Da hat er weg'n an' Liesei z'viel
A' Schrittl tho',
Gel' b' Lieb! — es rauscht von Tanne'baam,
Furt streicht der Ho'.

'S Ettaler Mannl.

'S Ettaler Mannl is schwaar und stark,
Hat in die Knocha a' stoaners Mark,
Kümmert si' nit um Wetter und Wind,
Is a' wahrhafti's Felsnkind!

'S Ettaler Mannl schaugt weit in's Land,
Hat zun schaugn an' prächtinga Stand,
Was 's denn da draußn d'erschaugn will,
Allewei' ernsthaft und allewei' still.

I' will's Enk sag'n, es schaugt und sinnirt,
Was der Boar für a' Lebn führt,
Ob er no' brav, wie sunst, und guat,
Ob er's no' hat sei' tapfers Bluat,

Ob er no' treu sein' Herrn und Land,
D'rum schaugt 's Mannl so umanand,
Und wur's anders, na' pfüt' di' Gott,
Nacha wohl kemmet a' großi Noth.

'S Ettaler Mannl, es steiget ra',
Werfet sein' graabn Mantl a',
Nacha wohl sechets, es is a' Ries',
Wie gar nie oana gwesn is.

Und mit die stoanern Füß' und Arm'
Schlaget's und hauset, daß Gott d'erbarm,
Hauset gar bös in ganzn Land,
Bis 's wieder sauber vo' Schimpf und Schand.

'S Ettaler Mannl, no' steht's in Fried,
'S geht scho' no' richti', es feit si' nit,
Laßt's no' nit aus, seyd's brav und guat,
Daß si' dees Mannl nie rühr'n thuat.

Dei' Haus.

Dei' Leib und Seel', dees is dei' Haus,
Wann di' nix d'rum kümmerst, na' gehst aus,
Gehst aus und giebt na' Niema'd Acht
Auf's Haus und Niema'd sorgt, was 's macht.
Du ko'st a' zeitl draußtn bleib'n
Und in der Fremd di' umatreib'n,
Dees thuat's, bleibst aber z'lang davo',
Fangt 's Haus, scho' schlechter z' wern o',
Und schaugst glei' ebba gar nie nach,
Na' rinnt dir 's Wasser 'nei' in's Dach,
Und z'letzt werd Alles so verderbn,
Daß d' nit amal ruhi' drinn ko'st sterbn.

Die Verdruß.

„„Was woanst denn, Maderl, ha, was is 's?"
— 'Sagt nix, woant bitterli —
„So sag's no', Narrl, was dir feit,
„So red', du 'dauerst mi'."

„„No', wanns es wissn wollts, jetz' schaugts,
„„Drei Nußn han i' ghabt,
„„Und schaugs halt o', und bi' damit
„„Dort an den Baam hi'tappt,

„„Und wier i' o'stöß', falln s' ma halt,
„„Die Nußn, selm in's Heu,
„„Und oani find' i' nimmermehr,
„„Die größt' von alli drei!"
— Und woant gar bitterli' dees Kind,
Daß's halt die dritti Nuß nit find't. —

———

„Was Michei, bist denn heunt so staad,
„Was hamm s' dir ebba tho',
„In Kirter muaß ma' lusti' sey',
„Dees sicht ma' bir nit o'?"

„„Is wahr, da mögst ja wini wern,
„„Bal' d' Diendln gar so gschupf't,
„„Mei' Basl hon i' just beim Tanz
„„In Fürterbandl 'zupft,

„„Jetz' is die o a' fuchsteufiswild,
„„Mei' Wabn und macht a G'sicht,
„„Und schaugt mi' mit koan' Aug' mehr o',
„„Is's nit a' dummi G'schicht?!

„„Und morg'n muaß i' wiedr in Berg,
„„A' schöner Abschied dees,
„„I' woaß nit, wie dees Diendl jetz'
„„Da drüber gar so bös'."„
— Und schlagt in Tisch, der Michei, 'nei;
Ganz fuchti': Kellnerinn schenk' ei'! —

. . —

„No' Hiesl', du schaugst ja boshaft drei',
„Geht ebba b' Bix nit hi'?"
„„D'errathn hast es, und nit aa',
„„'Woaß gar nit, wo i' bi'.

„„Jetzt schieß' i' drei z'kurz nachanand',
„„'Laß o' mi'n größtn Fleiß,
„„A' jeda sollt' a' Vierer sey',
„„Und alli drei san s' weiß.

„„Na' grath'n f' wieder, wier i's wünsch'
„„Was sagst jetz da dazua,
„„I' pack' glei' zamm, und zieg mi" gar,
„„Denn Irger hon i' gnua.""
— In lauter Brummin schaugt der Mo'
Gar kümmerli' sein Stutzn o'. —

Was hat dees Erdnlebn do'
So grausi viel Verdruß,
Und bringt s' nix anders, bringt s' a so
A' Nuß, a' Kuß, a' Schuß.

Bi z'friedn davontwegn.

Mit vier Roß' wirf i' nit leicht um,
I' ho' nit oa's.
Mir geht nit leicht a' Kalbi krumm,
I' ho' ja koa's.

Mir fallt koa' Haus sei' Lebta z'amm,
Es g'hört koa's mei',
Ho' koani Schaf, d'rum schlagt mir aa'
Der Blitz nit drei'.

Mein Troad, dem thuat koa' Hagl nix,
I' ho' koa' Feld,
Verlier' nit leicht Dukatnfüchs,
I' ho' koa' Geld.

Nix hon i', und do' leb' i halt
Mit Gottes Gnad',
Und 's Lebn oft oan' nit besser g'fallt,
Der ebees hat.

Viel Habn, viel Sorg, es is scho' gwiß,
Wie leicht ho's i'
Grab daß mei' nix oft z'weni' is,
Ders irgert mi'.

Und bengerscht, 's hat mir Gott ja gebn
A' fröhli's Bluat,
Und fragst, wie steht's mit Leib und Lebn,
'Sag' allzeit „guat!"

Voglruaf'.

Es zwitschert der Fink seiner Finkinn zua,
Er zwitschert, kimm, kimm zu mir,
I' lern' dir a' Liedl, a' schön's, a' neu's
Kimm, kimm, dees sing' i' dir für.

Es bischpert der Spatz seiner Spätzinn zua,
Bst, bst, wo aus denn so gschwind?
Kehr' ei' auf mein' Baam, da is's hoamli' und still,
Bist sicher vor'n Regn und Wind.

Es ruaft der Hecher der Hecherinn zua,
Gar raar, gar raar, lieber Schatz,
Jö's da in die Nußn, schaug' eina, probir's,
Es is für uns alli zwoa Platz.

So mache's halt d' Vög'l, so ruafa s' anand,
So hörst es ananber oft fragn,
Und gebn si' aa' Antwort und kemma na' z'amm,
Und hab'n si allerhand z'sagn.

Und weil's so viel lusti' um selleni Ruaf,
Und weil i' mi' oft dro' g'freut,
So hon i's halt naacheter ausstubirt,
Und g'funba, was's ebba bideut't.

Und mach's jetz' mein' Dienbl nett grad a so für,
'S 'is freili' dees Ruafa 'was Alt's,
I' ho's halt amal von die Vögl so g'lernt,
Und schau — 'n Dienbl, dem g'fallt's!

Der Wildi.

Heunt bin i' fuchswild,
Und so wollt' i' do' glei',
Es schneibet vo' Sechser
An' schuhtiefn Neu.

Und heunt waar's mir ea' Ding
Und gaang Alles verdraaht,
Und wann Bier statt 'n Wasser
Im Bach rinna thaat.

Und i' hätt' nix dagegn
In mein'n Irger und Zorn,
Und waar i' statt an' G'hilfn
A' Forstmoasta 'worn.

Und vor lauter Verdruß
Thaat i' lacha dazua,
Wann i' koan' Kreuzer mehr hätt',
Aber Gul'n grad gnua.

Die Bitt'.

'Hat a' Bua gar schneidi' 'triebn
Bei 're kiniglichn Jagd,
Und da will halt z'ruck a' Keuler,
Und der Bua wihrt unverzagt,
Aber der, trotz all'n Schlagn,
Rennt 'n nieder in sein' Zorn,
Und bees Gschichtl nach 'n Jagn
Is der Kini inne' worn.
'Laßt in's Gschloß den Buabn bringa,
Wo d' Herrschaftn all' beinand,
Grü' und Gold hat überall gfunklt,
Großi Spiegl an der Wand,
Und der Bua is klea' d'erschrocka';
'Sagt der kinigliche Herr:
„Bitt' dir a' Gnad' aus, 's hat ma g'falln,
Daß d' so tapfer auf der Wehr;"
Und die Hofleut' bischpern: sag' 'was,
Und a' jeder winkt ihm zua,
No' was moants, daß d' Bitt is g'wesn?
„Außi möcht' i'," sagt der Bua.

Die Teufin.

Wie d' Teufin kemma san auf d' Welt,
Da hat mar f' leicht b'erkennt,
Als wildi zozet wischti Thier'
San f' umanander g'rennt.

Sie san gweft, wie jetz' d' Bärn san,
Die fretzetn oan' scho',
Der aber, der an' Bärn sicht,
Laafft zeiti' gnua davo',

Ma' hat nit leicht oan' überfegn,
Und bös' mit ihna g'hauft,
Hat f' eingspirrt, 'prüglt, Lands verwiefn,
'S hat ihna felber 'grauft.

Da hat der loadi' Lucifer
Gar bald fei' Elend gschpürt,
Und hat für feini Kinderln halt
Auf Sicherheit sinnirt.

Hat s' gwaanb't, rassirt und zammaputzt,
Und halt sei' mögli's tho',
Hat etli' gar no' 's Tanzn g'lernt
Der väterlichi Mo'.

Jetz' is's a bisl besser worn,
Sie hamm schö' kloaweis g'fischt,
Und hat mar s' nimmer gar so leicht,
Als wie voneh' d'erwischt.

Und so san s' no', d'rum hoaßts an diem,
Es gebet gar koa' mehr,
Natürli', genga sie ja oft
Wie d' Cavalier daher.

Ja freili' geits es, drum paß' auf
Und trau die fein'n nit z' viel,
A' Metzgerhund macht koani Gschpaß,
Schau, wann er beißn will,

A' Spitzl aber muckst oft nit,
Bist ihm nit nachet gnua,
Versichst es aber just und traust,
Na' schnappt er und beißt zua.

Ja, wann s' vermaschkerirt ni: waar'n
Als Menschn schaarnweis,
Bua da gaang wieder a' Teufisjagd
Grad lusti auf a' Neu's!

Nothi' is nit lusti'.

Es thaat's leicht a' Joppn, bal' 's Tuach 'was nuß
Und waar schö' graab,
Was willst no' an' extra'n Kragn, grea
Wie buaches Laab.

Es waar leicht a' Hüatl für 's Wetter guat,
Koa Bandl d'rauf,
Was steckst denn a' Spielho'feder so gern
Und a' Sträußl auf?

A' Gartn mit Gmüs', bal b' ebber oan' hast,
Tragt der nit gua?
Was ziegst denn no' gspreckl̃ti Nagerln drinn,
Und Ros'n bazua?

Es sicht scho' so aus, als langet's nit recht,
Was noth alloa',
Als waar so e' nothi's sorgli's Lebn
Koa richtig's Thoa.

Wo kimmt denn dees her? geh 'naus in's Feld,
In Wald und Flur,
Da haft es du g'lernt, da haft es her,
Von der lieb'n Natur.

Da sichst ja wohl manchn Vogl fliegn,
Für gar nix guat,
Als daß er a' Liedl auf an' Baam
Schö' singe' thuat.

Da sichst viele Bliemin, 's braucht s' koa' Mensch,
Sie blüh'n halt,
Und unnutze Käfer sumsn drum 'rum,
Wie's ihna g'fallt.

Da sicht ma' ja Farb'n ohni End,
Warum so viel',
I sag' weil's halt unser Herrgott a so
Und nit anders will.

D'rum thäats aa' nit scheltn, bal' den oan'
Nit Alles g'recht,
Und bal' er zum Huat a' schöns Bandl aa'
Und a' Sträußl möcht'.

'S waar freili' ganz anders, hätt' uns und b' Natur
A' Knicker g'macht,
Der sparet bei'n Tag mit n' Sunne'schei'
Und mi'n Mond bei der Nacht.

Da gaab's kaam a' Frucht, als Kartoffin grab,
Koan' Hopfa, koan' Wei',
Da finget koa Vogl, dees koftet z' viel,
Er will g'füttert fey'.

Da fchauget All's aus in oana Farb',
Da' Farb' waar gnua,
Da blühet koa' g'fpreckter Nagerlftock,
Koa' Rof'n dazua.

Na na! fan ma' froh, daß's der liebi Gott
So lufti' hat g'macht,
Und daß er uns wohl ebbes Uebrig's fchenkt
Von feiner Pracht.

An' Aufklärung.

„In Himmi, hoaßt's, is die größti Freud,
„Und dauert in alli Ewigkeit, —
„Wegn meiner, is recht, aber denk' i' halt dro',
„Daß i müaßt' vo' Weib und Kinder davo',
„Schaugts, die so viel brav, und wie gern als i's ho',
„Herr Lehra, da kaam mi' die Freud' hart o'."
„„Schau, sagt der Herr Lehra, du sichst halt nit weit,
„„Und hast koan' Bigriff von der Ewigkeit,
„„Du muaßt aber denka, daß dortn auf's Haar
„„A' Minutn dees is, was hier hundert Jahr!
„„Jetzt werd's dir wohl ei'geh', was b' da damit g'winnst,
„„Denn bis b' bi' da drob'n a bisl bsinnst,
„„So san ja scho' 's Wei' und b' Kinder aa' da,
„„Und geht dir zu deiner Freud nix mehr o',
„„Und ebbr' a' Minutn alloa' dort steh',
„„Auf dees werds dir wohl nit zammageh',
„„Denn mit sammt deiner Lieb' hockst dengerscht herunt
„„Bei'n Wirth oft alloani' gar mancheni Stund.""

Die Lieb'.

Die Lieb' is a' Vogl,
Der waar nach mein Sinn,
Und mei' Diendl is der Käfi',
Da flutschert er drinn.

Die Lieb' is a' Bliemi,
In Hirgscht is 's dahi',
Herr vergelt's Gott, daß i' no'
In Summa drinn bi'.

Die Lieb' is so fei',
Wie a' Fleimuattar is,
Bals d' viel tandlst damit,
Kriegn d' Flügerln an' Riß.

Die Lieb' is a' Laab,
Bals verwelkt, werd's verwaaht,
Aber grea hebt's gar guat,
Wann's aa der Wind a' wen'g draaht.

Die Lieb' is a' Gschicht',
Und die geht gar nie aus.
Und werd übrall verzählt,
Und is überall z' Haus.

Die Lieb' is a' Gschpiel,
Da kannst g'winna gar viel
Und no' mehra verlier'n,
Ko'sts bei' Lebta lang g'schpürn.

Die Lieb' is a' Ding,
Achtn's vieli gar g'ring
Und an biem der und der
Gaab's um All's nimmer her.

Die Lieb' is an' Uhr,
Der s' nit kennt, muß d'rum frag'n,
Und der s' kennt, woaß oft nit,
Wieviel 's justement g'schlag'n.

Und is's, wie d'er will
Und so woaß i' do' gwiß.
Daß die Lieb' just die schlechtest'
Erfindung nit is.

’S schö Lisei.

I.

Wie 's schö' Lisei ihr'n Buabn mit an' Gschpiel gern zun Mo' kriegt hätt'.

Es is amal vor vieli Jahr
An' alter Förschter g'west,
Der hat a' Tochter g'habt, so schö',
Da kunnt nit leicht was b'rüber geh'.

Schö' Lisei aber is babei
Aa' gwest gar brav und guat,
Und hat die Buabn woltern g'falln,
Zwoa Jager aber gar vor all'n.

Die Jaga hamm als Gehilf'n gwohnt
Bei selln Förschtersmo',
Und weil s' 'was 'kriegt hamm ihra Zeit,
Hat jeder um dees Lisei g'freit,

Der oa', der hat 'n Vatern taugt
Weil er so schneidi' gwest,
A' schwarzer G'sell, gar keck und wild,
Hat 's Raaffa g'liebt und aa' gern g'schpielt.

Derſell, der hat ſi Oswald g'ſchriebn,
Und den hat ſie nit wolln,
Den andern na', den ſie gern g'ſegn,
Den hat der Vater nit viel mögn.

Dees is der bravi Stephi gweſt,
A' gar a' ſaubrer Bua
Und frumm und friſch und luſti' gern
Und hat oan' gfreut, den ſinga hörn.

Und daß der Oswald mehr in' Brett
Bei'n Forſtner gſtandn is:
Er hat halt gſchmeichelt vorn und hint',
Dees hat der Stephi gar nit kinnt. —

Der Forſtner hätt's gern ſelber g'habt,
Daß 's Liſei naahm an' Mo',
Und hat 'n Oswald g'moant damit,
Sie hätt' gern um den andern 'bitt'.

„Schaugts, Vater, hat ſ' an biewein gſagt,
„Der Oswald, der is falſch,
„Am Stephi aber ko' ma' bau'n,
„Dem thaat i' Alles a'vertraun.

„Der Oswald ſpielt, und wißt es ja,
„Wie oft aa', daß er raafft,
„Von Stephi hat ma' nie was g'hört,
„Der is wohl brav und mehra werth."

„„Mei', laß mi' mit dein' Stephi aus,"“
Hat na' der Alti brummt,
„„Von Jaagern red', wer mehrer is,
„„Da is's der oa', dees woaß i' gwiß."“

„Es lernt's der meini aa scho' no',
„Er geht ja fruh' und spat,
„Und auf der Scheibn, schau, denkts no' dro',
„Da kann er leicht den andern o'."

„„Ees Diendln habts scho' enkri Kniff,
„„Und habts es, laßts nit aus,
„„'n Oswald nimmst, und bsinn di' nit,
„„Mi'n Stephi, da werb's nix damit."“

So hamm s' oft g'redt; jetzt is in Hauſ'
Aa' gweſt an' alti Baſ',
Die hat's d'erbarmt, wie hart der Mo',
Und sie nit woaß, wo aus, wo o'.

Da hat ſ' amal zun Lisei g'sagt,
Dees Ding muaß anders wern,
Mir fallt 'was ei'; dees müß' ma' wag'n,
Na' derfst dei Lebta nimmer klagn.

I' sag' dein' Vatern, weil's so is,
Und er und du vonand,
So soll er's bstimma mit an' Gschpiel
Die Heuret, wie's na' kemma will.

In Sunnta, wer' i' zun ihm sagn,
Da gehn ma fruh' in b' Kirch,
Und der der erscht' kimmt nacha 'nei'
Vo' die zwoa Buabn, der werd der bei'.

So soll er's b'stimma, und verstehst,
Damit er gar nix mirkt,
So sag' ma ehnder nix dazua
Als vor der Kirch in Sunnta fruh'.

Voneh' mir's aber bringa für,
Versteckst 'n Stephi sei',
Daß der All's hört, sunst fallt ihm ei',
Der zwoat', der kimmt, soll deiner sey'.

Und wann du thuast, als waa'r 's dir recht,
Na' geht's halt vielleicht do',
Es is a' kloani Mauklerei,
Und g'wiß is da koa' Sünd' dabei. —

Sagt 's Lisei, no' in Gottes Nam',
Denn schau, es geht ma für,
Wann i' den wildn Oswald nimm,
Daß i' zu koana Freud mehr kimm.

II.

Wie der Vater auf dees Gschpiel ei'gcht, aber sei' Willn an' bösn Hackn hat.

In Sunnta fruh', nett vor der Kirch,
Fangt halt d'Fraa Bas' so o'
Und sagt, „heunt werd a Braut verkündt,
„Die Wabn von Bauern an der Lind'."

„'N Hannes heuret s', den vo' Ried',
„An' gar an' bravn Bursch',
„Ihr Vater hat a' großi Freud', —
„Die kriegt amal 'was ihrer Zeit."

„„Is aa' a Freud, der Förschter sagt,
„„Und kunnt's scho' lang d'erlebn,
„„Wann 's Lisei nit so gar verbraaht
„„Und allewei' so stritti thaat.""

Sagt 's Lisei, Vater, All's is recht,
I' woaß, Ees moants es guat,
Und dengerscht, laßts mein' Buabn mir,
Schaugts Vater, i' ko' nix dafür.

„„Ja, ja, dei' Bua, deeß woaß i' scho',
„„Is aber nit der mei',
„„Mi'n Zithernschlagn und mi'n Gsang,
„„Da macht ma' draußt in Holz koan' Fang."„

Jetz sagt die Bas' ha mei', wie waar's
Und macht's den Ding an' End,
Und red't, wie oan' halt ebbes b'stimmt,
Und wie's halt sey' will, daß's aa' kimmt.

Und red't gar viel und ruckt na' 'raus
Mit sell'n Kirchegang,
Und 's Lisei moant, waar's anders nit,
Waar s' ehnder da no' z'friedn damit.

Da luust der Förschter, wier a' Luchs,
Und sagt, Ees seyd's nit dumm,
„„'S is wahr, 'n Menschn is 'was bestimmt
„„Und kluag is 's, bal' er's glei' so nimmt;

„„J' bi' dabei, grad g'fallt mir nit
„„Dees Gschpiel auf selli Weis',
„„Ma' ko' ja anders aa' no' thoa',
„„J' wer Enk sagn, wier i' moa'.

„„Es is a Hirsch von achtzehn End'
„„Scho' lang da in Revier,
„„A' Zufall is's und braucht nit lüg'n,
„„Will oana just den Hirschn kriegn.

„„Zwoa Jahr' scho' hat er Alli g'stimmt,
„„Jetz setz' ma' 's Gschpiel da b'rauf,
„„Der vo' die zwoa den Hirsch b'erschießt,
„„Der hat bi', wann's mi' aa' verbrießt!

„„So is's, und in a' Kloster gehst,
„„Bal' d' jetz' nit z'frieb'n bist,
„„J' will's die Buabn selber sag'n,
„„Na' soll si' halt bei' Stephi plagn.““

Da sinkt 's schö' Lisei auf a' Bank,
Der Alti geht davo',
O mei'! b' Fraa Bas' hat gwoant mit ihr,
Und gjammert „da kon i' dafür!"

Und aa der Stephi, der versteckt,
Kimmt füra, voller Schreck,
Und tröst't dees Dienbl, selber bang,
Sei' Hoffa bauer' nimmer lang.

Und b'rauf die Bursch no' selbing' Tag
San außi auf den Hirsch,
J' bring' 'n 'hat der Oswald g'sagt,
Und hätt 'n alli Teufi 'packt'.

III.

Wie die Buabn 'n Hirsch nit kriegn und wie der Oswald zu der seltsame' Bix kemma is.

Sellm in' Revier is gweft a' Wald,
A' großa, großa Wald
Und brinn der Hirsch bal' da, bal' dort,
Hat nie lang g'halten in oan' Ort.

Die Bursch san auf die best'n Plaatz,
Hamm g'äuglt, g'spürt und birscht,
Und hamm si' 'plagt wohl Tag und Nacht,
Und schier a' Wocha so verbracht.

Der Stephi hat 'n gar nie g'segn,
Der Oswald aber scho',
Grad allwei' z'weit, und hat den Hirsch
Nie kriegn kinna mit der Birsch.

Und endli' nacher is's grad gwen,
Als waar er aus der Welt,
Sie hamm koa' Schal'n mehr d'erspürt,
Nix hat si' mehr von' Hirschn g'rührt.

Da is der Stephi trostlos hoam,
Voll Kummer und Verdruß,
Der Oswald aber denkt ihm bald,
Wie 's ebba gaang mit Teufisgwalt. —

Es hat dort g'lebt an' alter Mo',
Gar tief in dickstn Wald,
Mit dem is's nit recht richti' g'west,
Hat ghooßn, er waar kuglfest.

'S hat niema'd nix gwißt, wo'r er z' Haus,
Und was er treibt und thuat,
A' Wildrer waar's, hamm d' Bauern g'sagt,
Der nix nach Gott und Heiligi fragt.

Und g'hoaßn hat's, er hätt' a' Bix
Mit Teufiskünstn gmacht,
Die gaang no' g'nau auf tause'd Schritt,
Und kunnt ma' da nit feihn damit.

Dees hat der Oswald öfter g'hört,
Und denkt, mit dera Bix,
Da waar der Hirsch vo' mir aus weit,
Da thaats es do', er waar nit g'feiht.

Zu den jetz' gehn i', denkt er ihm,
Und giebt er mir's nit gern,
So soll er sterbn auf 'n Fleck,
'Geh' ohni Bix nit von ihm weg.

Der Weg is wild gwest und scho' Nacht,
An diem grab hat er g'segn
Wo 's higeht, wann in's Dicket 'nei
Der Mond just gworfa hat 'n Schei'.

Die schwarzn Tanne' und bees Gstripp,
Und raschleb's Gras und Moos,
Es möcht' oan' graus'n, da alloa',
Mit so an' sündhaft bös'n Thoa'.

Jetz geht a' schiecher Grabn her,
Mit Stoana, grob und tief,
Da steigt er abi bis am Grund,
Den Mo' sei' Hüttn is da brunt'.

Er luust a' wen'g und nacha drauf
So klopf't er an der Thür',
Bis's drinna bumper außa schreit,
Wer Teufi klopft um selli Zeit?

„J' bi' 's, der Jager Oswald is's,
„J' moa', du kennst mi' scho',
„Thua auf, sunst schlag' i's ei' die Thür',
„Du kriegst no' Gschäftn heunt mit mir.

„„Ho ho, moanst du, es is a so,““
Hat drinn der ander' g'redt,
„„Na' kimmst nit 'rei', und extre nit,
„„Und gehst nit, schaff' i' schon an' Fried.““

„So thua no' auf, mir san ja Freund',"
Sagt d'rauf der Jagabua,
Und endli' knarretzt 's Thürl auf,
„„Was is 's jetz'?"" fragt der ander' b'rauf.

„A Feuer mach', 's is teuflisch kalt,
„Und setz' ma'r uns ei' b' Stubn,
„Warum i' kimm, i' sag' dir's glei',
„Und is der Handl bal' vorbei."

Da gront der Alt' und schürt am Herd,
Und bloßt a' Feuer o',
Jetzt hat der Bua die Stubn bitracht',
Die hat ihm schier an' Schricka g'macht.

San an der Wand zwoa Todtnköpf'
Mit etli' Boana g'hängt,
Ganz schwarz vo' Rauch und nebn dra',
Da hat si' ebbes umatho';

A' grausli's Thier is krocha dort,
Und in an' andern Eck,
Da is 'was ghockt mit stiri Augn,
Der Jaga thuat großmächti schaugn.

Und drüber fangt der Alte o',
„Was is 's jetz, red' amal,
„Denn gehst no' grab auf's Gaffa aus,
„Na' suach dir du an' anders Haus."

D'rauf sagt der Oswald, i' ho' ghört,
Ees habts a' raari Bix,
Die schießt und trifft auf tause'd Schritt,
Da möcht' i' was probirn damit.

I' kaafs' Enk o', is 's wie b' er will,
Ees müßts mir aber sagn,
Wann ebba Vorthl san dabei,
Damit i's kenn' die Hexerei.

Da sagt der oa', die Bix, verstehst,
Die waar mir just scho' foal.
Woaß's aber nit, ob du der Mo',
Der so a' Kunststuck zahln ko'.

„I' zahl's, und foberst tause'd Gul'n,
„„Laß segn allmol den Zoig,"
„„Ja tause'd Guln waar nit z'viel,
„„Und bengerscht, wier i's haben will.""

So sagt der Alt' und langt a' Bix
Vom Nagl an der Wand,
Und a' kloa's Sackl aa dazua,
Und sagt, da waar's jetz', Jagabua.

A' schöner Damascener Lauf!
Und Zoacha d'rauf vo' Gold,
A' Drach' mit Horn, a' Schlang von unt',
Und Schrift, die niemad lesn kunnt.

Und wie der Bua die Bix bitracht't,
So sagt der oa', „verstehst,
Mit Teufi's Hilf hon i' die Bix,
An' anders Machwerk nutzet nix."

„Du lad'st es, wie an' anderni,
„Dessell is' allwei' gleich,
„Und kannst es braucha frank und frei,
„Grab bei koan' Kreuz geh' nit vorbei!

„Decs bal' dir g'schicht, und führst die Bix,
„Na' hast dei' Leb'n verspielt," —
Da lacht der Oswald: „„geht scho' zamm,
„„Mag mit die Kreuz nix z'schaffa hamm,

„„Die Bix g'hört mei', und wegn 'n Geld,
„„Da richt' ma's schon amal,"" —
„Na, sagt der oa', so thäa' ma nit,
„'S Geld her! sunst nimmst die Bix nit mit."

Da stößt der Oswald mit 'n Rohr
Den Alt'n über'n Herd,
Und reißt sein' G'nicker aus der Schoab,
Der Alt' a' Messer lang und broat.

Und wie zwoa Wölf san s' aufananb,
Und 's Bluat is umag'spritzt,
Bal hi' bal' her hamm b' Messer 'blinkt,
Bis z'letzt der Alt' am Bobn sinkt.

Und wier er fallt, da hat's a' G'heul
Von Bod'n aufa 'tho'
Und g'sauft und g'stürmt zun Fenster 'rei',
Und 'kracht, als brechet b' Hüttn ei'.

Da is der Oswald voller Graus
Mit seiner Bix davo',
Weit weg erscht hat er gschnauft und g'sagt:
Jetz, Stephi, spar' dir du dei' Jagd!

IV.

Wie 's schö' Lisei in d' Nußn ganga is und hat den groß'n Hirsch g'segn.

Der Stephi hat koa' Müh' nit g'acht't,
Vont wegn denselbn Hirsch,
Und hat 'n aber gar nie g'segn,
Hätt' wie d'er will, drum sucha mögn.

'S schö' Lisei hat viel Kummer g'habt
Und hat oft bitter gwoant,
Ihr Trost is gwest alloani der,
Ma' g'schpüret nix von Hirschn mehr.

Sunst, wann's am Abend ganga is,
Daß d' Ghilfn kemma san,
Da hat se si' so sehnli' g'freut,
'S is gwest ihr' allerliebsti Zeit.

Ihr Freund, der is ja kemma na',
Ihr herzvertrauter Bua,
Da hat ihr auf der ganzn Welt
Zu ihr'n Frieden nix mehr g'fehlt.

Da hat der Stephi b' Zithern g'holt
Und hat a' Tanzl g'schpielt,
Hat Schnaderhüpf'ln gsunga drei',
Und sollts den oan' aa z'wider seh'.

Und jetz', wenn oana kemma is
Auf b' Nacht, da werd ihr bang,
Hat allwei' z'erscht an 'n Oswald denkt,
Und daß dem 's Glück 'n Hirschn g'schenkt.

Und is der Stephi 'rei' in's Haus,
Der sunst so lusti' tho',
Und hat s' 'n nacha grüßt und g'fragt,
„Koa Glück," so hat er trauri' g'sagt. —

Jetz' hat der Alt' amal verlangt,
Sie soll in b' Nußn geh',
„D' Forstmoasterin hat dra' a' Freud',
„Geh 'naus und brock', bal's ebbes geit."

Da geht 's schö' Lisei 'naus in Wald,
Hat dort an' Büchl g'wißt,
Wo Nuß wachsn, groß und viel,
A' Platz, gar hoamli' und gar still.

Mit ihr'n Körberl geht s' dahi',
'S is gwest in' Na'mittag,
A' schöner Abend, denkt s', werd heunt,
Weil b' Sunne gar so liebli' scheint.

Und wie f' den fchön'n Abend denkt,
Da wern ihr d' Augn naß,
„Heunt ziegt a' Hirfch wohl zeiti 'raus
„Wer woaß, was d' hörft, kimmft wieder z' Haus."

Und enger wor'n is der Weg,
Da fan die Staub'n gwest,
Da brockt f' halt Nuß a' Körbi voll,
Und thuat ihr b' Luft in Herzn wohl.

Und wie f' fo brockt, kimmt f' an an' Schlag,
Da fingt a' kloana Fink,
Sitzt auf an' Stock und fingt gar fchö'
Und lufe'd bleibt bees Deendl fteh'.

O mei' Gott, denkt f', waar i' wie du,
Kunnt feyn' fo frifch und froh,
Und flieg'n, wie du, da follt's mir taug'n,
Thaat g'wiß mein Buabn 'was b'erfchaugn.

Und wie f' es denkt, fo fliegt der Fink,
Fliegt 'nüber über'n Schlag,
Und wie f' ihm nachfchaugt, fteht da brent, —
Der Hirfch! der Hirfch von achtzehn End'!

Sie hätt' koan' Tropfa Bluat mehr gebn,
Sie hot koan' Schnaufer tho',
Grad gfchaugt und 'zittert hat f' alloa',
Und na', was macha jetz' und thoa'?

Der Hirsch hat g'äst in hocha Gras,
Und seini großn Gweih'
Hamm über b' Stöck weit führa g'schaut,
Er hat sie umtho' ganz vertraut.

Da sinkt 's schö' Lisei staab auf b' Knie'
Und duckt si' bis an Bodn,
Und schlieft, wies kaam a' Jaga to',
Und birscht si' von ben Platz davo'.

„Jetz hoam und glei' 'n Stephi g'sagt,
„Der muaß a so heunt z' Haus,
„Der Hirsch bleibt scho', ja ja er bleibt,
„Bis morgn grab no' wann er bleibt!"

Und staab und g'schwind is f' durch 'n Wald,
Und wie f' na' kimmt am Steig,
Da denkt f', wie mach' i's, baß ihm sag',
Wie er soll birschn in ben Schlag.

Ma' sicht nit überall schö' 'nei', —
Da schneid' f' a' Haslstaudn,
Und macht a' Kreuz, da muaß er 'rei',
Da birscht er si' am bestn 'nei'. —

O wer dees Alles b'schreibn kunnt,
Wie's jetz 'n Lisei gwest,
Was's auf 'n Hoamweg 'denkt und 'dicht,
Und 'bet't hat, daß koa' Unglück g'schicht.

Bal' hat ihr 's Herz vor Freudn g'lacht,
Bal' werd ihr wieder bang,
Und daß s' no' nix verrathn thaat,
All's richti' gaang und kluag und staad.

„O mei' Gott, wann er 'n no' nit feit,
„Hat s' denkt, no' deesmal nit,
„Sie sag'n, wann oana hitzi' thuat,
„So schießt er letz, und trifft nit guat.

„Er werd ja deesmal glückli' sey,
„'S is ja nit um 'n Hirsch,
„Es is um mi' und um mei' Lebn,
„Der Himmi werd sein' Segn gebn!"

V.

Wie 's schö' Lisei 'n Stephi All's sagt und wie der' traamt hat.

Jetz kimmt 's schö' Lisei endli' hoam,
Und wie der Stephi kimmt,
So sagt s' zu ihm, und winkt verstohln,
Er soll ihr helfa Wasser holn.

Und draust am Brunna sagt s' ihm All's,
Und b'schreibt ihm g'nau den Platz,
In Sunnaschlag is's, hat s' ihm g'sagt,
Ees habts in Winter dort scho' g'jagt.

Und daß er halt nit z'hitzi is
Und nit vergißt auf's Kreuz,
Und bitt', o Stephi, laß dir Zeit
Und schaug's recht 'zamm und schieß nit z' weit.

Der Stephi hört's und in sein' Kopf
Is Alles durchanand,
Der großi Hirsch, die Freud' und Ehr,
Und kaam sei' Hochzettag daher,

Er hat schier g'juchzt um so viel Glück,
Und 's Diendl 'kußt und 'druckt,
Sie sagt ihm no', „verrath' sei' nix
Und richt' sei' fleißi' zamm bei' Bix" —

Jetz kimmt der Oswald nacher aa'
Und fluacht als wier a' Heid,
Und daß er halt bis auf die Stund'
Koa' Schal'n mehr d'erspür'n kunnt.

Da raunt der Förschter ihm in's Ohr,
„Wie is's in Klosterholz?
„Bei'n Kreuzweg steht a' stoaners Mark,
„Da geht an diem der Wechsl stark."

Da hat's 'n Oswald gebn. 'n Riß,
Wier er von Kreuzweg hört,
'Sagt aber, 'bi' dort aa' scho' gwest,
Is nix in 'sell'n Pfaffe'nest.

Der Stephi aber, statt 'n Red'n,
Hat auf der Zithern gschpielt,
Und hat dazua gar lusti' no'
A' Liedl g'sunga, ebba so:

  „A' Jagabua bin i',
  „Dahoam nit viel stolz,
  „Aber draustn a' Kini
  „In frisch=grün'n Holz.

„Da hon i' mei' Reich
„Und schaug's o', wann i' birsch',
„Und die Burger san b' Reech,
„Und die Grafn san b' Hirsch.

„Und die Bauern san b' Hasn',
„A' wolterni Gmoa',
„Und für's Gsindl san b' Füchs
„Der Soldat i' alloa'.

„Und Amsln und Finka
„Und Drossln bazua
„San b' Hofmusikantn,
„Die hon i' grad gnua.

„Und denk' i' an's Diendl,
„So bild' i' mir's ei',
„Und die is a' Prinzessin,
„Gar liebli' und fei'.

„Und bal' 's na' mei' Wei
„Und mei' Königinn is,
„Nacha werd erscht mei' Reich
„No' a' ganz's Paradies."

'Hat guati Weg' mi'n Paradies,
Hat d'rauf der Oswald g'sagt,
Und fluacht im Still'n voller Zorn,
Daß's no' mit ihm nit richti' worn.

Und 's Lisei, dees hat 's Radl draaht,
Unt g'spunna für ihm hi,
Und allwei' denkt an morgn fruha
Und wie's halt geh' werd ihr'n Bua,

Und wie s' na' schlafa ganga san
(Die Bursch san g'legn beinand),
So fragt der Oswald no' mit Spott,
Wo führt di' morgn hi' bei' Gott?

„„Er werd mi', denk' i', führn scho',
Hat d'rauf der Stephi g'sagt,
„„I' gieb mi' gern, so wier er's will,
„„Guat' Nacht"" — und jetz is Alles still.

Bald schlaft der Stephi fest und guat,
Der ander' aber nit,
Sei' Mordthat und sei' Teufisgwihr,
Die ganz' Gschicht' kimmt ihm allbot für.

Und 's Unglück nacha no' dazua,
Und b' Eifersucht dabei,
Oft hat er gschnauft in oana Wuth,
Und daß so guat der ander' ruht.

So is's halt worn um an' Dan's,
Da red't der Stephi auf,
Und in sein' Traama hat er g'sagt,
„Da hätt' den Hirsch koa' Mensch b'erfragt.

„In Sunnaschlag, in Sunnaschlag,
„Jetz schau, da hast 'n g'segn,
„No' morgn fruh', ja gwiß, ja fruh" —
Und wieder schlaft der jungi Bua.

Da reißt der Oswald b' Augn auf,
„„A so, in Sunnaschlag?
„„Dees Wacha, dees der Teufi g'macht,
„„Is nit umsunst in dera Nacht.""

„„Dir kimm i' für, jetz', wie i's woaß,""
So hat er höhnisch denkt,
Und glei' studirt, wie gehst es o',
Und b' Bix, ja deesmal taugt s' dir scho'.

Und no' vor Tag, da schleicht er furt,
„„I' brauch' so viel nit z'segn,
„„'N Hirsch grab bal' i' kenn' alloa',
„„Die Bix werd scho' dees ander' thoa'.""

VI.

Wie die Birſch bei die zwon Buabn ausganga, und was weiter g'ſchegn is.

'S is gweſt a' ſtilli ſchöni Nacht,
Und hell hat gſcheint der Mo',
Da geht der wildi Jagabua
Dem wohlbekannt'n Büchl zua.

Und wier er ani kimmt am Steig,
Und zu die erſtn Staudn,
Da ſchallt a' Rech, und er fahrt 'zamm,
Dees hat er ſunſt nit mögn hamm.

Sunſt hat er nie koan' Schricka kennt,
Was is's denn deesmal gweſt,
Da hat er gräa ſo für ihm g'lacht:
Der Teufi hat die Rech da g'macht.

Und wier er weiter geht 'n Weg,
Da glanzt im Mondſchei' 'was,
„A' Kreuz?! wie kimmt a' Kreuz da 'rei',
„Dees fallet oan' in' Traam nit ei',

„Mei Lebta woaß i' da koa' Kreuz,
„Des is a' Teufisgschpiel,
„'Soll mit der Bix da nit vorbei
„Soll z'ruck vontwegn der Narretei,

„Dees thua i' nit, und dengerscht, halt!
„Waar' ebba do' was dro'? —
„Brauch' nit den Weg da 'nauf in Schlag,
„Es werd so g'schwindi' no' nit Tag."

Da kehrt er um in oan' Verdruß,
Muaß wieder woltern z'ruck,
Denn überall, wo er auffi will,
Is's z' dick und Laab und Reiser z'viel.

So muaß er aba, auf a' Straß',
Die um den Büchl geht,
Vo' da geht no' a' Steig in Schlag,
Den nit a' jeder find'n mag.

Er laaft und schleunt si', was er ko',
Und wie si' b' Straß'n biegt,
Wo's aufi gaang, da hört er G'sang,
Da macha Leut an' Kirchagang.

A' Kreuz voro' begegnet ihm,
Da steht er, wie vo' Stoa',
„Is All's verschworn gegn mi',"
So knirscht er wild und fürchterli'.

„Und waar's mei' End, da muaß i' hi'
„Es bricht der Tag schon o',"
Da is er, b' Bix fest in die Händ,
Am Kreuz vorbei verzweiflt g'rennt,

Und 'nauf 'n Steig, und da is's gwen,
Als kaam ihm ebbes nach,
Als wur's auf oamal wieder Nacht,
Und in die Baam hat's g'rauscht und 'kracht,

Und bloachi Gsichter hat er g'segn,
Die ihm in b' Augn gschaugt,
Allbot an' anders, fürchterli',
Da rennt er blind, woaß nit wohi'.

Und wier er rennt und wier er keucht,
Da packt's 'n, wier a Sturm,
Und vor ihm thuat si' auf a' Klamm,
Da stürzt er voller Graus'n z'amm. — — —

Und drob'n über'n Sunnaschlag,
Da glanzt a' glockenheller Tag,
Da funklt All's in Morgnschei',
Und b' Vögl singa lusti' drei'.

Und in den Schlag, so zeiti fruh',
Da kniet und bet't a' Jagabua,
Der Stephi is's und dankt 'n Herrn,

Der hoch regiert dort bei die Stern,
Froh dankt er für die Morgnbirsch,
Denn vor ihm liegt verend't der Hirsch.

Und wer 'was kennt von Jagerei,
Wer glückli' gfreit hat um sei' Wei,
Und wer no' denkt sei' jungi Zeit,
Der denk' ihm jetz' den Buabn sei' Freud.

Und wier er na' zun Lisei kimmt,
'N Hirsch mit auf 'n Wagn nimmt,
Wie 's Lisei gjuchezt hat und tho',
Da roacht koa' B'schreiberei nit dro'!

O Lieb', du wunderbarli's Gschick,
O Lieb', wie feierst du dei' Glück,
Da geit's koa' Fest, dees so oan' gleich,
Koa' Kaiser is dageg'n reich,

Es is, als kaam die Frühlingszeit
In's Herz mit ihra Herrli'keit,
Als kaam der Himmi selber 'nei'
Und wollt dahoam da brinna sey'!

    Und weil der Alt' sei' Wort hat g'acht't,
    Hat 's Lisei aa bald Hochzet gmacht,
    Und hat na' kriegt der Stephi gwiß,
    Als wier er's g'sunga, sei' Paradies. —

Wie's aber 'n Oswald ganga no',
Da sagt die Gschicht' nix mehr davo',
J' denk' mir halt und bild' mir ei',
Gar guat werd's ihm nit ganga sey'.

Der Fuchs.

„Grüß' di' Gott Miedei, wo gehſt hi'?"
„„Haſlnußbrocka hon i' in' Ei'""
„Miedei, in' Wald ſo ganz alloa?
„Kunnt' dir ja leicht der Fuchs 'was thoa!"
„„Beißt mi' koa Fuchs, dees woaß i' ſcho',
„„Jaget 'n glei' mit'n Schurz davo'.""
„Na Miedei na, i' geh' mit dir,
„Gar ſchöni Nuß woaß i' dahier."
Genga ſ' halt ſo in's Hölzl 'nei',
D'Sunna ſcheint grad verſtohln 'rei',
D'Vögerln dir ſinga in' Gebüſch, —
'S Diendl is jung, der Bua is friſch! —
Brock gar fleißi' Nuß mitanand',
D'awiſcht der Bua 's Diendl oft bei der Hand,
Scherzt a ſo 'rum, „du Sakra=Bua,
„Geh laß' mi' aus und gieb an' Rua."
Brocka ſo furt die Nuß mitanand,
'S Diendl dees hat an' hart'n Stand,
Scherzt a ſo 'rum der Sakra=Bua,
Laßt halt nit aus und geit koan' Rua. —
Und wie ſ' vonander ſan auf b' Nacht,

'S Miedei a' traurig's Gsicht hat g'macht,
'S Miedei is woane'd gar davo', —
Hat ihm leicht do' der Fuchs 'was tho'!
Ja so a' Fuchs, der is gar schlau,
D' Diendln die wissn's nit so g'nau,
Schleicht si' an bieweiln oaner o',
Jagn s' nit all' mi'n Schurz davo'.

Der Sturm auf Belgrad. 1688.

Was's is um die Boarn, wann s' fechtn in' Feld,
Dees hat aa' der Türk scho' b' ersegn,
'S san ebber a' hundert a' fünfasechz'g Jahr,
Da hat er's wohl innawer'n mögn,
Bei Belgrad dort hat mar'n gar guat unterricht'
Und 'n Türkn hats gar nit g'falln die G'schicht'.

Selm is Max Emanuel gwest vorn dra'
Und der hat koan' G'schpaß nit verstandn,
Hat aa' nit viel umgschaugt, ob ebber der Feind
A' Bratzl aufhebt ob'r a' Brantn,
Und all' seini Boarn san gwest als wier er
Und wann a'ruckt der Löb, so muaß weiter der Bär.

Der Türk hat ihm freili' erschreckli' verschanzt
Und wier er 'n Churfürstn g'jegn,
Da hat er scho' z'weitest mit Eisn und Stoa'
Gar boshaft hi'g'schoßn dagegn,
Der Churfürst hat aber dergleicha' nit 'tho',
Als gaang ihm dees gewaltigi Schießn 'was a'.

Und er hat sei' Armee glei' auf's Beste postirt
Und Schanzn und Festung umrunga
Und nacha mit seini Karthauna schon aa'
'N Türkn a' Liedl fürgsunga,
Da hat's bir wohl bunnert und p'fiffa gar bös
Und g'saust vo' die Kugln, a' grausi's Getös.

Am fünftn September na', spat in der Nacht,
Kimmt der General Scharfe'berg g'rittn,
„Jetz' Boarn, seybs lusti', auf morgn werd g'stürmt,
„Dees Pulvern da hamm ma' gnua g'littn,
„Der Tük hätt' mit uns grad sein Zeitvertreib,
„Jetz' gehts aber anders, jetz' geh' mer ihm z'Leib.

„Der Churfürst, er laßt Enk schö' grüßn allsamm',
„Es sollts no' an Mohacz sei' denka
„Und wies dort den Heidn habts gfuchtlt und g'jagt,
„So sollt's ihm's aa' morgn nit schenka,
„A so hat Er gsagt" und a' Jubi is gwest,
Wart' Türkl, mir klopfa bi' morgn von' Nest.

Kreuz-Saabi! wie hamm alli Trummin' g'rebellt
Und g'spielt alli Stuck vo' die Schanzn
Und d'Trompeter drei' blasn und gjuchezt die Boarn
Als gaangs auf an' Kirta' zun Tanzn,
Grad gwimmit hat Alls und 'n Wall packn's a',
Da schaugts! Hurra hoch! bort der Churfürst voro'!

Der Churfürst voro! und sie brecha All's durch
Und renna in's wüthigsti Feuer,
Jetz' stürme's mit Loatern die Schanzn, jetz' gilt's,
Wart Türk und du zahlst es uns theuer,
Da stockts aufamal und a' Grabn geht her,
Drei Klafter tief glei', und furt ko' koana mehr,

Denn hoch vo' der Mauer brent schießn f' grab drei',
Wer sollt' da an' Ei'gang b'erzwinga?
Da ruaft jetz' der Churfürst: Mir nach, meini Freund!
Und sie segn 'n in' Grabn' 'nei springa,
Der Churfürst voro! jetz' gehts wie b'er will
Und auf Lebn und Tod, Alli wagn se 's Gschpiel.

A' Stadl is g'standn in' Grabn da b'runt
Und anibaut b'rent an der Mauer,
Von' Dach hat ma' mühsam a' Schartn b'erroacht,
Wo der Türk wier a' Luchs auf der Lauer,
Der Churfürst steigt a' und schneidi' Alls nach,
Da stürzn wohl Vieli b'erschoßn von' Dach.

Aber b' Schützn in' Grabn hamm aa' aufi'brennt,
Daß s' die drobn nit 's Schnaufa vergunna
Und b' Mauer werd gstürmt und sie laßn nit aus
Und Victoria! Alles is gwunna,
Ueberall gehts b'rauf 'nei und koa' Rettung is mehr
Und vo' Belgrad is gwest jetz' der Churfürst der Herr.

Fünftause'd Mann Türkn san g'fangt worn babei,
Wer woaß wieviel tause'd b'erschlagn
Und heuntigs Tags bruntn no' in der Türkei
Von 'selbinga Sturm hört ma' sagn,
Und ehrnhaft werd vo' die Boarn verzählt,
Wie's bessri Soldatn koa' geit auf der Welt.

Aus 'n Bauernkrieg vo' 1525.

In' Schwabn draußt in Würtemberg
Da is amal vor Zeitn
Der Teufi in die Bauern g'fahrn,
Dees waar'n so seini Freudn,
Und wie's halt geht n.a' bei die Leut'
Schau wann s' der schwarzi Ganterl reit',
Sie san vor Gift und Zorn
Schier wini worn.

Da hat si' a'ghebt wohl a' Strit,
A' Mordn nit zun sagn,
All' Guatsherrn und all' Obrigkeit,
Was's gwest is, hamm s' b'erschlagn,
Sie hamm verschont nit Weib und Kind
Und 'tobt und gwüth' als waarn s' blind
Und überall ohni End
Grad g'sengt und 'brennt.

Na' san s' aa' bis in's Boarn 'rei',
Auf Rothnbuach her kemma
Und habn gmoant, die Bauern da
Die wur'n 's nit übi nehma

Und hamm an' scharpfn Aufruaf thō',
Sie solln si' fei' schließn a'
Und sollt' die ganzi Gmoa'
Halt aa' mit thoa.

Na hamm diesell'n Bauern gsagt,
Da wer'n ma' nit weit langa,
Es müssn unser mehra sey',
Sunst kinn' ma' nix a'fanga,
D'rum laßts uns zu die Nachbern geh',
Na werb's was Gscheits und richt' si' schö'
Und kemm' ma' wieder zamm
A' Freud' werb's hamm.

Und d' Schwabn hamm g'sagt „Ja ja, ischt recht,
„So gaanget und laufet und saufet
„Und bringt nu' viel Kamrabi mit,
„Die wie der Satan raufet
„Und benni gfallt a' Feuerwerk
„Wann Schlösser brennet auf die Berg
„Und wann mer in der Gluath
„Din' braate' thuat."

D'rauf san die Rothnbucher furt,
San etli' Tag verganga,
So kemma s' vieli hundert z'ruck
Mit Bixn, Spieß und Stanga,

Und reitn frischi G'sölln voro',
Da hamm die Schwabn J..chzer 'tho'
„O luaget, was für Leut'
„O Herrli'keit!"

Die Reiter sprenga 'nei in's Dorf
Mit hellauf blitze'di Saabi
Und hat ma's kennt, die putzn wohl
An' Kopf' wier an' Kohlrabi,
Jetz' haltn s' und der erschti vorn
Der schreit „Luusts auf, was ausg'macht worn
„Und wie der Handl steht
„Und wier er geht.

„Mir hausn guat mit unsri Herrn,
„Sie san scho' recht und richti'
„Und unser Herzog* der is brav
„Und gern san mir ihm pflichti',
„D'rum hebt's Enk weg und roasts no' z' Haus,
„Sunst hau' mar Enk an' Teufi aus,
„Daß gwiß a' Friedn werd,
„Jetz' habt's es g'hört."

Hui Sikra! hamm die Rauber gschaugt,
Die Red' hat ihna gar nit 'taugt,
San gschwind dahi' mit Schimpf und Schand,
San nimmer temma in's Boarnland.

* Wilhelm IV.

Die Zither.

Die Zither is a' Zauberinn,
J' g'schpür's gar tief in' Herzn drinn,
Denn wann aa' überall Schnee und Eis,
So macht s' mir do' 'n Frühling weiß.

Koa' Geign und koa' Braatschn nit
Ko' si' vergleicha da damit
Und is ma' nie bei Flaut' und Horn
So wohl wie bei der Zither 'worn.

'Sagn freili' oa', dessell waar g'feit
Und daß ma's höret nit so weit,
Mir aber g'fallt dees just so guat,
Daß s' so viel fei' und hoamli' thuat.

Mir kimmt s' wier a' liebs Diendl für,
Wann die was sagt und red't zu mir,
Dees Recht is's nit, was s' sagt so laut,
Dees Lieber' is, was s' slaad vertraut.

Der Teufi in' Glaasl.

Die laar'n Glaasln rühr' nit o',
Die, lieber Freund, laß' steh',
Da woaß ma' nit', was drinna is,
Da kunnt's oan' nit guat geh'.

Denn schau, der Teufi hat amal
A' Summahäusl wolln,
Zu sein' Vergnügn nach die G'schäft,
So hätt's ihm biena soll'n;

Und hat ihm denkt, a' Glaasl waar
Schö' licht und g'recht dazua,
Und hat a' schöni Ei'gab g'macht
Und 'bitt' und gjammert gnua.

Und daß er si' so plagn müßt'
Auf Erdn Tag und Nacht,
Und daß mar ihm so viel Verdruß
Und Gäng' so unnutz macht.

Und war sei' Bitt', faand er a' Glas,
Daß's ihm biwilligt werd,
Daß er drinn rast'n derfet, schau,
A' so hat er's bigehrt.

Natürli' hat mar ihm scho' glei
Nit viel Vertraua g'schenkt,
Und daß a' Schlanklerei dabei,
Dees hat ma' si' wohl denkt.

Do' hat er endli' außa 'bracht,
Daß, wann a' Glaasl laar,
So soll er's hab'n zum Quatier,
Val' 's gar nit anders waar.

Er hat scho' g'sagt, ihm waar's oa' Ding,
Waar ebber ebbas drinn,
Denn er wollt' nix in Weg umgeh',
Dees waar nit nach sein' Sinn,

Und ließ si' b' Näßn aa' scho' g'falln,
Und hat's gar pfiffi' triebn,
Bein laar'n Glaasl aber is
Der Handl dengerscht bliebn.

So hon i's g'hört, und hat mar 'n aa'
Drinn arretirt amal,
Val's nit b'erlogn is bie G'schicht,
Denn g'logn werd überall.

I' aber sag' halt, guat is guat,
Und besser — besser, gel',
Und er is scho' so gar verpicht
Schau, auf an' armi Seel';

D'rum halt's mit volli Glaasln du
Und laß die laarn steh,
Ma' woaß ja nit, was drinna is,
Und kunnt oan' nit guat geh'.

Der Voglfanger.

A' Voglfanger bin i',
Fang' Vögl groß und kloa',
Und fang f' von alli Farbn,
San f' fürnehm oder gmoa',

    Und wann i' aa viel hundert fang',
    A' Taubn, schau, die i' verlang',
    Die krieg' i' nit, und fang' i' nit,
    Und mach' i's, wie d'er will, damit.

I' bi' sunst nit verspunna,
Und kenn' aa' d' Taub'n guat,
Und woaß f' aa' woltern z'stimma,
Und wie ma' f' locka thuat,

    Grad mit der Taubn hon i' g'irrt,
    I' ho' schon allerhand probirt,
    Und gar nix thuat sei' Schuldigkeit,
    Grad da is's allwei' g'feit.

Is aber aar a' Taub'n,
'Was Raar's und ebbas Neu's,
Sie hat a' feini Haubn
Und is schneerieserlweiß,

Und hoamli' is f', geht auf an' Nam',
Muaß aber b'sundri Naupn hamm,
Denn ruaf i' aa' den Nam' zun ihr,
Gar gern kimmt s' do' nit her zu mir.

Mir g'fallt mei' Häusl nimmer
Und nimmer mei' Taubnschlag,
Weil i' den liebn Vogl
Halt gar nit kriegn mag, —

O Resei, hörst es, was i' will,
Wie plag' i' mi' um di' so viel,
Geh' und versteh' mi' und schlag' ei',
Dei so'lln die schönstn Vögl sey'!

Der Gang in's Hocheis.

Der Kini hat z' Bertlsgabn g'jagt,
Na' hat er d' Jaagerei dort g'fragt,
Was jeder scho' b'sunders g'schoßn hat,
Da kimmt mi'n Redn koana z' spat:
Der oa' — an' Gamsbock von achtz'g Pfund,
Der oa' — an' Luchs wie der größti' Hund,
Der oa' — an' Hirsch vo' achtzeh' End,
Wie kaam mehr oana umarennt,
Und halt so furt; na' steht dabei
A' junger Bursch aa' in der Reih,
Der is ganz roth wor'n, wier er 'n fragt,
„I' woaß nix bsunders" hat er gsagt,
Und hat ihm weh im Herzn 'tho',
Daß er gar nix kunt' gebn o'.
Drauf hat der Kini no' weiter g'redt,
Ob koana koan Adler b'erschoßn hätt',
Da hats g'hoaßn: „Na! san nit guat kriegn
Und thuat oan gern der Schuß betrügn."
So is bees gwest und der jung' Bua
Hat seitdem nimmer g'habt an' Rua
Und denkt an gar nix anders mehr

Als an an' Adler, der muaß her,
Daß, thaat der Kini wieder fragn,
Er aa' was bsunders hätt' zun sagn. —
Drinn z' Bartlmä a' Wocha d'rauf
In's Hocheis dortn steigt er 'nauf,
Da in die Wänd' hint' voller Graus
Streicht gern an' Adler ei' und aus.
In' Hirbst is's gwest, scho' woltern spat,
Da is der Gang nit lusti' grad,
Und is schon aa' an biawei'n g'schegn,
Daß oana nimma kemma mögn,
Der just ihm z' keck da eini gwagt,
Wo Mancher scho' vo' weit'n zagt.
Was aber frägt der Bua da d'rum
Und gaang' selm gar der Teufi um
So waar' er 'nei, und waar's alloa'
Vontwegn denselln Verzähln z' thoa'. —
In's Hocheis geht a' schiecher Grabn
Z'nachst an der wildn Hachlwand,
Mit G'röll und Löcher allerhand,
Vo' Schnee a' langer Stroaf geht 'nauf,
Mit 'brocheni Stoablöck oben d'rauf,
Und in der Mitt' a' Schroffn steht,
Wo's übrall pfeilgrad abi geht,
Der Schroffn mit sein' naßn Gwänd',
Der hoaßt „die Kirch", wer's ebba kennt,
Und wie der Bua kimmt hi' dagegn,
Da hat er an' Strick d'robn hänga segn.
A' Wildpret, dees si' 'nauf verstiegn,

Hamm d' Jaaga g'schoßn d' Woch' vorher,
Dees macht wohl Arbet und a' Gscheer,
Und vo' der Kirch' dort aus an' Loch
Muaß's o'gsoalt wer'n woltern hoch.
Kunnt' ebba no' was sellas g'schegn,
Na' hamm s' den Strick dort lassn mögn. —
Selm steigt der Grabn schirfer o'
Und links, und rechts in Watzmo' dro'
Gehts auffi gaach, als waar' koan' End
Grab Mauern aufanand und Gwänd',
Und grausi' schaugn die Boivn 'rei,
Als thaats eahr wahrhaft z'wider sey',
Wanns' hörn tief drunt' an' Menschntritt,
Als wolltn s' wihr'n an jon Schritt. —
Wo na' um d' Kirch muaß 'rum der Bua,
Dort spirrt der Schnee 'n Grabn zua,
A' Wildbach wühlt si' d'runter für,
A' hänge'ds Eisthor sichst vor dir,
D'raus rauscht a' Luft, möcht' friern an Stoa'
Und zittert oan' durch Mark und Boa'.
Da muaßt d' jetz durch! Mach' Reu und Leid,
Denn bricht 's Thor, is's um's Lebn g'feit. —
Da stutzt der Bua und bleibt wohl steh',
„Es waar' scho' recht, da durcha geh',
„Dees Eis hängt aber g'fährli' schwaar
„Und sichst nit wo an' Ausgang waar',
„So tief und finster geht's da 'nei,
„Ob nit an' andra Weg kunnt sey'?
„— Na! 's thuats nit anders! — Geh' kehr' um,

„Leicht umesunst steigst weiter 'rum
„Und kimmst aa' 'nauf, wer woaß wie's is,
„An' Adler is ja do' nit gwiß —"
Da fallt ihm wieder der Kint ei',
Der kimmt bees nachst' Jahr wieder 'rei,
Werd wieder um an' Adler fragn,
Wie waar's na' schö', kunntst du was sagn.
Wer nix will wagn, aa' nix gwinnt,
Und nimmer lang der Bua ihm b'sinnt,
A' Jaagabluat muaß schneidi' sey' —
Und unter 's Eisg'wölb steigt er 'nei'. —

  Was thuast nit, bal' b' jung bist,
  Was fangst nit All's o'
  Und hänget oft selber
  'S ganz' Leben aa' dro'.
  Um an' Wink von an' Diendl,
  Um a' Wort wegn der Ehr',
  Den letztn Bluatstropfa
  Glei' gebet mar 'n her,
  Und b'sunders a' Jaaga, —
  Und kemmat a' Zeit,
  Wo's nimmer so waar',
  Pfüt' di' Gott, na' war's 'g'feit,
  Na' wur' wohl a' Trübsal,
  Daß's gar nit zun b'schreibn
  Und b' Welt scho' so loami',
  Daß nimmer zun bleibn.

Für deesmal is 'n Buabn nix g'schegn,
Er hat 'n Tag bal' wieder g'segn
Und wier er 'rauskimmt untern Eis,
Da hat ihm 'taugt sei' Schneid und Fleiß,
Wann drob'n aa' b' Welt mit Stoa' verkeit,
Der liechti Himmi hat 'n gfreut,
Dees liebi Blau, der Sunnaschei',
Die machn aar a' Wildnuß fei'.
Er kent' ihm froh a' Pfeiferl o'
Und richt't si', daß er's segn ko',
Wann just von' hocha Waxmo' her
An' Adler 'reikaam nach der queer,
Denn dees g'schicht 's Tags oft etlimal;
Na' streiche's ringsum hi' am Gwänd,
Desselbi hat der Bua scho' kennt. —
A Junga hat bein Jagn Glück,
Kaam hockt er selm an' Augnblick,
So sicht er auf der entern Seit'
In aller Pracht und Herrli'keit
An' Adler! schau in' schönstn Zug,
Rührt b' Flügl kaam in' stolzn Flug
Und wiegt und biegt vo' Wand zu Wand,
Der Bua schier zittert auf sein' Stand,
Und buckt si' gleim hi' an an' Stoa, —
O treffet er 'n, o möchts es thoa!
Und wie der Adler nächer kimmt
Und wier er b' Bix zum Schießn nimmt,
Da klopft ihm 's Herz, — jetz' nimm di' zamm',
Jetz' waar's nit z'weit, jetz' ko'st 'n hamm,

Da schnallt's! und laut der Wiederhall
Nu' tos't dahi' in Berg und Thal.
Was is's? auweh, er streicht davo',
Grad so an' Taucha hat er 'tho',
Dort streicht er abi über's Eck
Drunt' bei der Kirch', jetz' is er weg.
O arma Bua! 'schaugt allwei' no',
Der Adler is scho' lang davo'. —
Da werd er aufg'weckt aufamal,
An' Schlag thuats in der Hachlwand,
Als sprengets drobn an' Berg vonand,
Und zhöchst kimmt aus an' Spaltn 'raus
A' Felsntrumm als wier a' Haus
Und aba dunnerts, kracht und bricht
Und reißt All's mit in grausn Gwicht
Und wirft die größtn Stoablöck 'rei'
Und Wolkn Staab na' hintndrei',
Daß weit koa' Wand gar nimmer z' segn,
Als waar der Nebi d'rüber g'legn.
Der Bua springt auf, denn grad is's gwest,
Als waar' koa' Stoa' in' Berg mehr fest
Und drobn die Gambs fahr'n kreuz und queer
In größtn Schricka hin und her,
Und Schlag auf Schlag dort raffits 'ra'
Und saust und fliegt in Grabn 'na',
Da hat's d'rinn g'arbet, gwüth't und 'tho',
Als schlüg' ma' großi Glockn o',
Ja was is dees? was ko' der's seh',
Wahrhafti'! 's Eisgwölb d'runt' bricht ei'.

Der Bua hat nit gwißt, wier ihm gschicht,
Schier is er wor'n bloach in' Gsicht,
Und lang hats 'braucht, bis's g'habt an' End'
Dees G'sauß und G'rumpi in die Wänd'. —
Gel' 's Eisgwölb, dees hats zammagschlagn,
Jetz' ko'st di' leicht no' irger plagn
Mi'n Abageh und kunnt aa' sey',
Daß d' nimmer ko'st in Grabn 'nei'.
Da steigt er 'ra', hats glei' b'ersegn,
A' Wand vo' Eis is druntn g'legn,
A' Spalt dazwischn, tief und weit,
Da durchsteign is koa' Mögli'keit,
Wie's aufaschaugt so grea und kalt,
Was thoa' jetz'? D' Nacht kimmt aa' scho' bald,
Na' gehts dir schlecht, — da fallt ihm ei'
Der Strick dort an der Kirch', kunnt sey
Es thaats, daß d' di' dra' abalaßst, —
Da hat 'n do' a' Schauder gfaßt
Und allerhand kimmt ihm in' Si',
Nutzt nix, am Strick 'ra', sunst bist hi',
Denn bis a' Hilf kimmt, bist b'erfrorn,
No' frisch, no' is nit All's verlorn.
Da steigt er bei der Kirch jetz o'
Und 'nauf, wo 's Soal in' Felsn bro',
Und schaugt na' abi über b' Wand,
Da sicht er brunt 'was auf'n Sand, —
Is's mögli', ja wahrhafti' ja,
Es leit stoatodt der Adler da!
In Gottsnam' jetz' is Alles guat,

Kobell, Gedichte in oberbayer. Mundart. 6te Aufl.

Und 's kimmt ihm wieder Schneid und Muath,
Und flink am Strick laßt er si' 'ra',
Und glückli' geht's in' Grabn 'na',
A' Sprung, a' Juchezer hochauf,
A' „Gott sey's dankt" wohl aa' scho' brauf
Und packt sein' Adler bei die Flüg' —
„Jetz' kimm der Kini wann er mag,
„Es werd für mi' a' Freudntag,
„Jetz' soll er um an' Adler frag'n,
„Jetz' kon' ihm aa' was bsunders sagn!"

Laß' ma's, wie's is.

„Vo' Stoa' möcht' i' sey', hat der Hiesl g'sagt,
„Die ganz Welt lachet i' aus,
„Da waar' i' wohl fest, gaang mar Alls aus 'n Weg
„Und waar' ma' scho' selber mei' Haus." —
„„Da hättst es d'errathn! thaatst stolpern amal,
„„Na' brecheft in Trümmer vonand,
„„Na' müßt ma' di' kittn, vielleicht ebba gar
„„'N Kopf und dei' bißl' Verstand.""

„So möcht' i' vo' Eis'n sey', hat er g'sagt,
„Da kunnt' ma' nit leicht ebbes o',
„Da wur' i' Soldat und jaget alloa'
„A' ganz' Regiment glei' davo'!"
„„Geh' weiter, schau, wann d' jetz' vo' Eisn waarst,
„„Da waarst ja gar 'schwindi verrost't
„„Und kunntst ja koan' Fuaß und koan' Arm nimmer rühr'n,
„„Und wer zahlt, was der Dokter na' kost't.""

„So will i' vo' Gold sey', dessell rost't nit,
„Da waar' i' aa' wohl ebbes werth,
„Kunnt Schuldn macha na' auf mein' Leib
„Und thoa', was mei' Herz bigehrt."

„„Natürli'! da hätt' ma' bi' lang b'erschlagn,
„„Und hätt' Dukatn b'raus g'macht,
„„Na' suach' die sei' zamma am jüngstn Tag,
„„Da wur' weiter nit b'rüber g'lacht!"“

Jetz' is er wohl staab gwest der Hiesl da,
Und dunkt ihm selber guat,
Schau daß er worn is wie's der Brauch,
A' Mensch vo' Fleisch und Bluat.

Der Schatz.

In Jagastübi z' Bartlmä
Sitzt a' jungs Diendl und bind't an' Strauß,
Kimmt a' Frember 'rei' von' See,
Schaugt gar fei' und herrisch aus.
Hat s' schö' 'grüßt und gafft na' 'rum
Und a' Büchl in der Hand
Schreibt er auf, was in der Stubn,
Was am Tisch und an der Wand.
'S Diendl schaugt und hat schier g'lacht,
Nacha sagt er: „Schönes Kind,
„Wem wird wohl der Strauß gebracht,
„Dieses blumige Gewind'?"
'S Diendl sagt „"ha' g'fallt er Enk?
„"G'hört mein' Schatz, wem sollt' er g'hörn?""
„Ah dem Schatz, ein lieb' Geschenk,
„Hast wohl einen Jäger gern?"
„"Is koa' Jaaga justement,
„"Aber bengerscht, b' Jaagerei
„"Woaß's wohl daß er die gut kennt
„"Und ho' da mei' Freud' dabei.""
— „Wohl ein Wildschütz?" bischpert er,
„"Waar' nit aus, da kaamts ma' recht,
„"Braachts ma' da was schö's daher,

„„Lieber daß i' gar koan' möcht',
„„Na! i' will' was Richtigs hamm,
„„Er mag aa' die Wildrer nit,
„„Kemmat er mit ihna z'amm,
„„Hätt' er Haandl gwiß damit.""
Und der oa' der schreibt grad b'rei',
Fragt na' wier er hoaßt der Bua,
„„Hansl! ja so hoaßt der mei,""
Schreibt er 'n Hansl aa' dazua.
Jetz' lacht 's Diendl „„Ees seyds wohl
„„Gwiß a' Schreiber, daß's so schreibt's,
„„'Werd ja 's ganzi Büchl voll,
„„Bal's no' da a' Zeitl bleibts,
„„Oder thäats a' Dichter sey'
„„Ebba gar a' Camediant,
„„Schreibts mi' in a' Stückl 'nei',
„„Seyds so guat, Ees waart's in Stand,
„„Gel' mein' Schatz, den kennts halt nit,
„„Thaats do' b'rauf begieri' sey',
„„Schaugts, i' thua nit g'hoam damit,
„„Dort bein Fenster schaugt er 'rei.""
Und der Ander' wend't si' glei'
Und hat großi Augn g'macht,
Draußt a' Hirsch! mit 'kränztn Gweih
Hat 'n ganz verdraaht bitracht't.
„„Schreibts es jetz, dees is mei' Schatz,
„„Hansl hoaßt er auf den' Platz,
„„'Kenn 'n scho' an etli Jahr,
„„Gel' mei' Hansl, es is wahr!""

'S Troad.

Es is mi'n Troad vor alti Zeitn
Amal wohl gwest an' anders Ding,
Da san die Halm gar gwichti' gwesn
Und nit wie heuntigs Tags so g'ring.

Selm hat ma' bra' die Aech'an gsegn
Vo' unt' auf glei' bis obn auf,
Jetz' is dees Mehra Stroh und hockt halt
An' oazigs Aehrl endli' d'rauf.

Und schau, es waar aa' gwiß so bliebn,
Waar'n b' Leut' nit z' bös' und sündhaft worn,
'San 's aber worn und unser Herrgott
Hat drüber 'kriegt den größtn Zorn.

Und weil s' 'n gar a so vergrämt hamm,
So hat er denkt, es is koa' Schad'
Und wann s' aa' Alli z' Grund geh' müssn,
A' selles Volk verdient koa' Gnad'.

Und in an' schwarzn Dunnawetter
Is er von' Himmi abagstiegn
Und sicht heruntn auf die Felder
Die Pracht vo' Troad und Aech'an liegn.

Da fangt er o', a' Halmi z' stroafa
Und reißt vo' unt' auf d' Aehrln ra'
Und wier er's thuat, auf alli Felder
Vo' sellm falln s' auf camal a',

Und Alles waar' gar gwiß verhungert,
Hätt' unser liebi Frau nit büt',
Er sollt' dees letzti Aehrl lassn,
Sunst waarn aa' d' Vögerln g'straft damit.

Sie hat wohl d' Vögerln nenna müßn,
Obwohl s' es hat um d' Menschn 'tho',
Sunst waar's nix gwest, und so is 'bliebn
Für's Brod halt do' a' bißl bro'.

Drum sollt' ma' scho' a' guat thoa' wolln,
Denn no' amal, kunnt's gar leicht g'schegn,
Es thaat der Herr vontwegn die Vögl
Koa' Körnl mehr verschona mögn,

Die kann er ihm scho' anders füttern,
Wann extra d' Menschn z' Grund geh' solln,
D'rum durft' ma' zeiti' da bro' denka
Und durft halt scho' a' guat thoa' wolln.

Volkswilln.

Es geit scho' Leut', die moana glei',
San' ihnr' a' fuß'g beinand',
Na' waar's a' Volk, da redn s' 1um
Und bschließn allerhand
Und sagn: Dees is 'n Volk sei' Willn
Und so und so muaß's sey',
Dees hoaßt auf deutsch, sie möchtn's gern
Und 's Volk becs gebn s' halt drei'. —
Bal' jetz' dees ebbes geltn sollt',
Na' waar's a' saubers G'schpiel,
Da waarn ja Völker in an Land,
Es wußt' koa' Mensch wie viel,
In jedn Stadtl drei und vier,
In jedn Markt' a' Paar,
Und dees in' ganzn deutschn Land
Dees waar' weiter koa' Schaar!
Es lange' die scho', die ma' hamm,
Die dreißgi san scho' gnua,
I' bitt' enk, machts mit enkri G'schpaß
Nit Völker no' dazua,
Denn Deutschland soll ja oani' wer'n,

Wie aber kunnt' dees sey',
Bal' so viel tause'd Völker waar'n
Und schreietn all' drei',
Da wur' ja d' Wirthschaft gwiß verpatscht.
Und ninderscht mehr a' Fried,
„Viel' Köch' verderbn d' Suppn" hoaßt's,
Drum kochts nit Alli mit!

Warum d' Leut nit all' gleich reich sei' kinna.

An biem wohl oana fragt,
Ha? kunnts nit g'schegn
Daß d' Leut waar'n all' gleich reich,
Kaam' bees nie z'wegn?
Da sag' i', na mei Freund,
'S is oa's dagegn,
Denn unser Herrgott schau,
Der thuats nit mögn.
Und dees versteht si' leicht,
Denn hätt' er's woll'n,
So hätt's von Adam a'
Scho' g'richt't wer'n solln.
Hätt' Er an jbn sellm
Decs Nähmli' gebn,
Verstand und Fleiß, all's gleich
Und 's gleichi Lebn,
Daß 's Troad auf jbn Feld
Hätt' gleich b'ergebn,
Auf alli Wiesn 's Gras
Und 's Obst danebn,
Nit daß dem oan' sei' Baam

G'steckt voller Aepfi,
Dem andern aber grab
Der sei' a' Tröpfi,
Daß d' Küh' all' kälbert gleich,
Halt All's dees Nähmli',
Und daß's a so furtganga waar,
Na' waar' Niem'b grämli',
Na müßt's no' heunt so sei',
Dees ko'st nit laugna,
Und weil Er's halt anders g'macht,
Werd's aa' so taugna.
Warum Er aber dees 'tho',
Wer ko's oan' sagn,
Warum kimmt Freud und Leid
Wer ko's b'erfragn?
Warum der Blitz da schlagt,
Warum's dort schauert,
Warum der hat sein' Schatz
Und der b'rum trauert,
Wer woaß's, wer is so g'scheit,
Werst kaam oan' findn,
Da is a' Riegl für,
Magst's nit b' ergründn.
D'rum kon i' rathn grad,
Thua Ihm vertraua,
Er woaß scho' was dees Recht',
Da ko'st b'rauf baua'.

Jagalied.

Steh'n i' auf 'n A'stand
In stiller Abendrua,
Und hör' i's brecha staab in Holz,
Wie gern luuf' i' da zua,
Wie bin i' gern dabei,
Wie lob i' mir die drei,
Wald, Wild und Jaagerei!

Ziegt von Feld am Morgn
Der Hirsch mi'n Wildprat ei',
Wanns funklt in die Tanna drobn
Vom erschtn Sunnaschei',
Wie bin i' gern dabei,
Wie lob' i' mir die drei,
Wald, Wild und Jaagerei!

Und jagn b' Hund' wie Glöckln,
Daß' hallt in Berg und Thal,
Da freut mi' 's Lebn, waar's wie d'er will,
Es freut mi' allemal,
Wie bin i' gern dabei,
Wie lob' i' mir die drei,
Wald, Wild und Jaagerei!

Und kimm i hoam von Jagn,
Und hon i' g'habt an' Stern,
Und werd verzählt, wie's ganga hat,
No'! wie verzähl' i's gern,
Wie bin i' gern dabei,
Wie lob' i' mir die drei,
Wald, Wild und Jaagerei!

O guati Frau Diana,
Di' möcht' i' amal segn,
Und solltst es hör'n na' vo' mir,
Wie daß mir viel bra' g'legn,
Und wier i' gern dabei
Und wier i's lieb' die drei,
Wald, Wild und Jaagerei!

Von' Jaaga-Hannes.

„Spiel' auf Musikant spiel auf!
Mit die feinern Soatn für b' Wilgefort spiel'
Weil s' aa' so viel sei' is und g'freut mi' so viel
Und die grobn, die reiß' für 'n Hannes sei' Gall,
Grad weils 'n so zürnt daß dem Diendl i' g'fall'
Und daß er der letzt' allemal.

„Spiel' auf Musikant spiel auf!
An' schneidinga Laandler an' frisch'n heb a',
Daß' i' schutzn und drah'n mei' Wilgefort ko'
Und an' Tanz für an' Bärn ben rupf' hintnbrei'
Der muaß für 'n Hannes an' Abschiedslied seyn',
I' trichter's dem Jaaga schon ei'.

„Spiel' auf Musikant spiel' auf!
Und spiel' für mi', wie der Auerho' falzt,
Wann er allewei' gschwinder sein' Hochschlag schnalzt,
Und nacher an' Marsch, es is leicht oana guat,
Wie wann mar an' armi Seel' ei'grabn thuat,
Den arbet' 'n Hannes in's Bluat!"

Der lieberli' Gori hats g'sunga dees Lied
Und g'spielt hat der flink' Musikant
Und der Hannes hinter der Thür hat's g'hört
Und is worn so weiß wier a' Wand.

Und 's falschi Diendl dees hat grad 'klatscht
Und hat ganz hellauf g'lacht:
„O Gori, deesmal hast meinoab
„Dees rechti G'sangl g'macht."

Da geht der Hannes und lab't sei' Gwihr,
Zwoa Läufin nebn anand
Und lab't's mit feini und grobi Schrött'
Und 'zittert hat ihm sei' Hand.

„Jetz' sing' aar a' Liedl du Blei du fei's
Für die treulos' Wilgefort,
G=rad wie d'es die wildn Taubn singst
Und sing' ihr in's Herz beini Wort',

„Und du, mit 'n schwaar'n grobn Zeug
Du summ's 'n Gori oa's für,
Nett wie's der Fuchs hat z'hörn 'kriegt,
Der naachst is g'falln vo' dir."

Der Mond hat g'scheint spat in der Nacht,
Da kemma s' a'm Steigl daher,
Der lieberli' Gori und d' Wilgefort,
Kreuzlusti' sie und er.

Da fallt a' Schuß und wied'r a' Schuß
Und b'rauf an' etli' Schroa
Und bluati' stürzn mitanand
In's nassi Gras die zwoa.

„Was seybd so staab jetz' auf amal,
„So sing' do', Gori, sing',
„So lach' do' schöni Wilgefort
„Und spott' und tanz' und spring'!

„Spiel' auf Musikant, spiel' lusti' auf,
„Sunst schlaft ja 's Paarl ei',
„Wecks auf bal' b' ko'st, sie zahln di' guat,
„Gel' Fidler, laßt es sey'."

Sie hamm si' mehr koa' bißl g'rührt,
San todt a'm Bodn g'legn, —
An' Jaaga-Hannes hat vo' Stund'
Koa' Menschnaug' mehr g'segn.

A' G'löbnuß.

I' bi' an' arm's Diendl,
Mei' Bua is davo',
Mei' Liebst's is dahi',
Was i' auf der Welt ho'.

In' Krieg hamm s' 'n furt,
O wie hart is ma' g'schegn,
Es san scho' zwoa Summa,
'Hon 'n nimmermehr g'segn.

'Hon 'n nimmermehr g'segn
Und ho' nimmer an' Rua,
'Woaß nit, is er todt,
Oder lebt er mei' Bua.

Und i' find' aa' koan' Trost
Und wieviel i' mi' b'sinn',
Gwiß hamm s' 'n d'erschoßn
In Dänemark d'rinn.

O heiligi Muatta,
I' bitt', hör' mi' o',
Mach' daß's nit so is, —
Daß i' 'n wiedersegn ko'.

O richt's, daß die Boar'n
Dort gwinna, i' bitt',
Daß 's aus werd, daß's kemma
Und bringa mir 'n mit.

Na' will i' dir treuli'
A' Taaferl verehrn
Und a Herzl vo' Silber,
O thua mi' b'erhörn.

A' Buschn Schnadahüpfl'n.

1. 2.

Mei' Herz thua di' auf
Und daß b' Sunna scheint b'rei',
Denn es is ma' heunt b'rum,
Daß i' lusti' will sey',
Daß i' lusti' will sey
Wier a' Lerchei bal's singt,
Wie der Spielho' in' Falz,
Der in' G'ringl 'rumspringt.

3. 4.

O du tause'bschöns Kind,
Wann i' di' habn kunnt'
Nacha hätt' i' 'n Himmi
Auf Erdn herunt',
Und da waar' ma' nie bang
Vor koan' Wetter, koan' Reng,
Denn die müßtn all' furt,
Bal' b' grad lacheft a' wen'g.

5. 6.

'Ho' Liebln wohl g'sunga
Mei' Lebta grab gnua
Und i' ho' wegn dei' scho'
A Freud g'habt dazua,
Und i' ho's' nit all' 'd:cht',
Nit alloa zwegnbracht,
Deini vielliebn Augn
Hamm des Mehreri g'macht.

7. 8.

Musikantn machts auf,
Meiner Lene zun G'falln,
Und thäats b' Notn nit spar'n,
I' will Alles gern zahl'n,
Denn mei' Lene is lieb
Wier' a' Bläami in Mai,
Und i' wur' dafür arm,
Hätt' s' a' Gaudi dabei!

9. 10.

Und morgn und heunt
San nit allewei' guat Freund,
Willst a' Bußl hergebn,
Laß mi's heunt no' d'erlebn,
Denn a' Sorg hon i' d'rum
Und bring's nit ausn' Ei',
Schau wenn b' Welt morgn z' Grund gaang',
Waar 's Bußl aa' hi'.

11.

Und i' will grab a' Bläami,
J' will ja koan' Strauß,
Grad a' bißl a' Bußl
Dees bitt' i' mir aus.

12.

Und ob i' di' lieb'
Schau jetz' kon i's nit sagn (und)
Frag wieder, wann d' Rech'
Amal Gambstrickln tragn.

13.

Amal kriegst mi' scho'
Und dees is halt wann's is,
Nacha schau, wann d' mi' kriegst,
Nacha hast mi' ja g'wiß.

14. 15.

Und 's Diendl hat g'sagt
Und sie hätt' mi' so gern
Als wie vo' die Kerschn
Und Zweschbn die Kern,
Die Sakera-Dienbln
So sans' allisamm
Und erst recht foppe's' oan'
Bal' s' oan' o'bandlt hamm.

16.

Und a' Taubn in' Fliegn
Der Teufi der brat's'
Und an' Diendl sei' denka
Der Guguck b' errath's.

17.

Und 's Diendl is a' Zither,
Wo d'rüber nix geht
Und dem machts' die schönst' Musi'
Der 's Spieln versteht.

18.

Und 's Diendl hat Zahnerln
Da lacht's wohl damit
Und sie kunnt' oan' aa' beißn,
Dees thuats aber nit.

19.

Und es kimmt nit b'rauf o'
Wie'r a' Diendl ausschaugt,
Bal's' no' jung, schö' und brav is
Und sunst ebbas taugt.

20.

Du flachshaarets Diendl,
Di' hon i' so gern
Und i' kunnt' wegn den Flachs
Glei' a' Spinnradl wer'n.

21. 22.

Und 's Liebn is a' Schießet
Auf a' schneeweißi Scheibn
Und da kennst di' nit aus
Derfst es wohl a' Weil' treibn,
Und 's Diendl is der Punkt
Und um den geht halt 's G'riß
Und oft trifft 'n a' Schütz
Der der best' lang nit is.

23.

A' Gambs auf der Wand
Und da' Punkt in der Scheibn
Und mei' Schatz auf der Alm
Is mei' Thoa' und mei' Treibn.

24.

Denkt koa' Jaager an b' Jagd
Hat 'n b' Lieb amal 'packt
Und koa' Sennbrinn an b' Kal'm
A so gehts auf der Alm.

25.

Und a' Jaaga sicht guat
Aber b' Lieb macht 'n blind
Und da fangt dir den größtn
A' kloa's Diendl g'schwind.

26.

A' Bix ohni Ho'
Und a' Diendl ohni Mo'
Und a' Jaager ohni Schneid
Da is's allemal gfeit.

27.

Bist derntwegn koa' Jaga,
Weil b' Federn a'm Huat
Und an' Zwilling aa' hast
Der pum pum macha thuat.

28.

A' Goasbock is g'stiegn
Gar hoch in oan' Zorn,
Hat a' Gambs wer'n wolln,
Is bengerscht koa's worn.

29.

Und a' Fuchs is koa' Lux
Und a' Ratz is koa' Katz
Und koan' Hirsch bild' dir ei,
Thuast a' Rechböckei seh'.

30. 31.

Daß's geit alti Hexn
Ko' glaabn wer will,
Aber jungi, die geit's,
O da kenn' i' gar viel;

Und hast damit z'schaffa
So thään s' dir 'was o'
Und da' ko'st nimmer schlaf,.
Denkst allewei' dro'.

32. 33.

Dei' Lieb wann a' Buach waar'
Dees leset' i' glei'
Und wieviel wur' denn d'rinn steh',
Was moa'st von der Treu?
Und dei' Lieb wann a' Farb' hätt'
So bild' i' mir ei' (schau)
Weil d' gar so viel' gern hast,
Ganz gschecket müßt s' sey'.

34. 35.

Mei' Resl, was hon i'
So Unrechts denn tho'
Daß i' b' Rosl statt dei'
Bei der Hand gnumma ho',
Schau Resl und Rosl.
Dees gleicht halt anand'
Und da kimmt ma' ja leicht
An a' unrechti Hand.

36.

Und der Türk und der Ruß
Die zwoa gehn mi' nix o'
Wann i' no' mit der Gretl
Koan' Kriegshandl ho'.

37.

Und 's Dienerl wann b' heuretst,
So mirk dir dabei,
Es werd nit grad bei' Weiberl,
Es werd scho' bei' Wei'.

38.

Und Grasn und Herzn
Is d' Farb' bei mein' Gschpiel (und)
In anderni Kartn
Da g'winn i' nit viel.

39.

Die schönst Farb' is Grea
Und grea' sollt' alles sey',
Grad mei' rosigi Rosl
Die roat' i' nit b'rei'.

40. 41.

Und es is nix so trauri'
Und nix so betrübt
Als wie wann si' a' Krautkopf
In a' Rosn verliebt.
Und es is nix so trauri'
Und nix so weit gfeit
Als wie wann si' a' Pudl
In a' Katzl verkei't.

42.

Die Mauser wer'n gschoßn
Da spart ma' koa' Blei,
O waar'n do' die Duckmauser
Aa' voglfrei.

43.

A' Licht blast mer aus
Und a' Feu'r blast mar o',
Und es blasn gar viel'
Die nie denka da dro'.

44. 45.

Und d' Lercherln die steign
In d' Höchn gar gern
Und wie höcher daß s' steign
Wie kleaner daß s' wer'n.
Und so steigt an diem oana
Der hoch außi will,
Is herunin gar weni'
Und drobn nit viel.

46. 47.

Der Mensch hat an' Geist,
Hat der Schullehra gsagt,
Und der Wei', der hat aar oan',
Dees hon i' b'erfragt,

Und bal' die zwoa streitn,
So hat's schon an' Schei' (und)
Es thaat der von' Wei'
Oft der stirkeri sey'.

48. 49.

Bal' Fried is, a' Gsangl,
Dees is unser' Freud
Und bal' Krieg is, a' Juchezer
Hat aa' nit gfeit,
Denn mir san all' Soldatn,
Dees leit schon in' Bluat
Und die boarischn Kugln
Die arbetn guat.

50. 51.

Und der boarischi Löb (Löw')
Hat a' sakrisch's Gebiß
Und hat wolterni Zähn',
Schau wie alt er aa' is,
Und der 'n wollt' traatzn,
Der kaam schlecht davo'
Und es wissen's wohl oa'
Wier er 's Reißn guat ko'.

Der Heuretsstoa'.

I.

Wie die Diendln z' Unterlaana in Heuretsstoa' gworfa hamm.

In Sanct Lorenzitag is gwen,
Da hat's grab gwimmit z' Unterlaana,
Viel Diendln san da gwest beinand',
Und is wohl plauscht worn allerhand.

San oa' vo' Bertlsgadn 'nauf,
Um' Almrausch und Jagabliemin,
Zu Sträußln, wie ma's auf'n Huat
Gern bei an' Schießet tragn thuat.

Denn 's is a' fürnehms Schießet g'west
Den andern Tag in Bertlsgadn,
Da hats 'was 'braucht von Bliemiwerk,
Dees habn s' g'holt in Simmetsberg.

Die Diendln in den Hoagascht da,
Die habn g'lebt in oana Gaudi,
Hamm Nudl 'kocht, und gscherzt und g'lacht,
Wie's halt a so a Nudl macht.

Und na' an diem hamm f' außi gjuchzt,
Daß's bis in b' Thalwand 'nüber g'hallert,
Da hat wohl manches Gambsei g'schaugt,
Und g'luust, wie's die ba drent' so taugt.

Und 's schwarzi Resei und die Wabn
Von See, die habn nacha g'sunga,
Die habn's kinnt auf's rarigist,
Und Schnaderhüpfln z'hundert g'wißt.

Da fallt der oan' auf oamal ei',
He Diendl'n, wißts jetz', was ma macha,
Jetz geh' ma hi' zun Heuretsstoa',
Da muaß brei Wurf a jedi thoa'.

Ees kennts bees Loch dort in der Wand,
Und die auf dreimal wirft da eini,
Die werd in Jahr und Tag a' Braut,
Da hat mei' Muatta scho' b'rauf 'baut.

Ja bees is recht, zum Heuretsstoa!
Zum Heuretsstoa! hamm f' alli gschrie'n,
Und alli durchananba gschwatzt
Und mit 'n Schatz ananba 'tratzt. —

Von dera Alm gon Simmetsberg,
Da geht a' langi schiechi Gaffn,
Und nett herunt' is an der Wand
Der Heuretsstoa' glei' linker Hand.

Da ko' ma' manchn Pletzer segn,
Da hamm viel hundert aufi g'worfa,
Und ebba 'was bideut's halt do',
Denn 's is no' heuntigs Tags a so.

Da san jetz' b' Diendln alli hi',
Und fanga o', mit Stoana z' werfa,
Und oani um die ander' feit,
Da hats erscht gebn a Lustbarkeit.

Jetz' is dabei a' Diendl gwest,
A' schöni G'sellinn, gar a' jungi,
Sie hamm se's Buacha-Miedei g'nennt,
Die hot no' gar koan' Liebstn 'kennt.

Wirft aber aa', und 's drittemal,
Meinoad da wirft dees Diendl eini,
Is selber schier b'erschrocka dro',
Da hebn die oan' a' Mettn o'!

Da hamm s' es 'kränzt und 's Resei hat
'N Bräutigam na' macha müßn,
Der hamm s' a' Raatschnbartl g'malt,
Und selli Sachan 'triebn halt. —

'S is gschpaßi um a' sellas Spieln,
'S hat bengerscht dra' benkt 's Buacha-Miedei,
Wie's waar, wann s' ebba nach der Sag'
A' Braut thaat wer'n in Jahr und Tag.

Wer kunnt f' wohl nehma, hat f' ihm 'denkt,
Wie's auf 'n Hoamweg abagstiegn,
„Der Knecht bei uns? naa pfüt' di' Gott,
„Da wollt' i' lieber, i' waar todt.

„Der alti Hief', der so gern scherzt,
„A' Freund von Batern, 'will's nit hoffa,
„Der Mankeifranz? der schaugt so trüb,
„O naa, zu den hätt' i' koa' Lieb.

„Schau gar koan' wußt' i',“ hat f' na' g'sagt,
Zu die, die mit ihr abaganga,
„'S werd nix bideutn, wier i' moa',
„Die Gschicht' da von den Heuretsstoa'.“

„„Ei ja, sagt oani nacha d'rauf,
„„Da geit's a' Hochzet, 's is scho' richti,
„„J' hoff', du ladst mi' dazua ei',
„„Und wer' a' Kranzljungfer sey'.““

Und mit den Red'n san f' halt ra',
Und hamm no' plauscht von'n großn Schießet
Und 's Midei dees hat viel sinnirt,
Und wegn an' Heuretsstoa' studirt.

II.

Wie des großi Schießet in Bertlsgadn gweſt is.

Den andern Tag, wie b' Sunn' aufganga,
In aller Fruh' da hat's ſcho' 'kracht,
Als waar der Watzmann voll' Kanona,
So hamm die Böller Lärma g'macht.

Und in die Berg hat's g'hallt und dunnert,
Bis in b' Fiſchunkl z' weiteſt hint',
Und ſchnurgrad is der Rauch aufgſtiegn,
Dees hat an' ſchön'n Tag verkünd't.

Friſch is der Morgn gweſt bis b' Sunna
Amal in's Thal hat eini g'ſcheint,
Da hat ſi' g'rührt Alls froh und luſti',
„Es is ja 's großi Schießet heunt!"

Na' hamm die Glock'n g'läut't in b' Kircha,
Und is der Schütznzug na' g'weſt,
Da hat ma' g'ſegn Leut beinanba,
San weit her kemma zu den Feſt.

Fürst Conrad hat dees Schießet gebn,
Der Probst, a' gar a' braver Mo',
Hat b' Leut' a' Freud' gern g'macht derselbi,
'Steht aar' a so an' Herrn guat o'.

Der Zug is schö' gwest, sechs Trompeter
Voro', und Musi', woltern fei',
Drei Wurstl na' mit g'malti Scheib'n,
Die hab'n 'tanzt und gjuchezt drei'.

Jetz san die Fahna nacha kemma,
Von Madln und vo' Buabn tragn,
Und schöni Beste, Thalerkranzln,
Und aar a' Goasbock auf an' Wag'n.

Und nacha b' Schützn, all' mit Sträußln,
Da san viel' kemma 'rei von' Land,
Gar bösi, scharfi Punktnreißer,
Und etli' weit und broat bikannt.

Da hat ma' g'hört: „Dees is der Dickei,
„Der Forstwart, schau, vo' Bischofswies,
„Bua, dees is oana, der ko's zwicka,
„I' wett', daß dees der schirfer' is.

„Und der mit'n schwarzn Bart, da kimmt er,
„Der Büchsnmacha vo' Traunstoa,
„Da werst es segn, der braaht's eini,
„Der nimmt scho' etli' Gwinnst alloa'.

„Huat a'! Huat a'! der Jagamoasta
„Von Stift, und no' zwoa Chorherrn gar,
„Da will i' schaugn, was die macha,
„I denk' mit die hat's nit viel G'fahr.

„Da schau, da kemma no' a Paarl,
„Der Ruap und 's Hanserl von Hallei',
„Mei'! Büchs, wo gehst denn hi' mi'n Hanserl,
„Schau, schau, jetz' kimmt der aa' da 'rei! —

Und z'letzt in größt'n Staat is kemma
Die mehra fürstli' Jaagerei,
All's grea' mit Gold, und schöni Stutzn,
Der Gambsn-Urberl aa' dabei.

Und mit sein' Suh' der alti Leitner,
Der Förster drinn in Barthlmä,
Der führt wohl aar an' etli Fahna
In's G'schlößl 'nüber über'n See.

So is halt All's auf b' Schießstatt außi,
Da hat's grad gwimmit aufanand,
Und Diendln gnua, — schau 's Buacha-Miedei,
Gar sauber 'putzt, aa' bei der Hand!

Und g'schoßn hamm s' die tiefstn Dreier,
Der vo' Traunstoa gar aus der Weis',
Da hamm die junga Jaga g'arbet,
Und hi' g'hebt halt mi'n größt'n Fleiß.

Jetz' legt der Seppi o' bein Standln,
Von Förster z' Barthlmä der Bua,
Und bis er dra' kimmt, macht er Faxn
Und laßt die Diendln 'rum koa' Ruh.

Und sagt zum Miedei, die da gschaugt hat,
Du Schatz, an' Daama heb' ma' jetz',
Ho' justement oan' weiß verzog'n,
Gel', daß i' b' Schartn außa wetz.

Sagt 's Miedei, dem der Jaga g'fall'n,
„„Da soll nix fei'n, 'heb' dir 'n scho',""
„No' na' is's recht und thuats ma' g'rath'n,
„So fang' mar aa' glei' 's Tanzn o'!"

Jetz' geht er eini, und den Seppi,
Wie's gschnellt hat, reißt's in G'ringl 'rum,
„Der Punktn is's!" so hat er gschrie'n,
Und richti' fallt der Zieler um!

Und hat der Böller buscht, und prächti'
Is glei' b' Maschin' braust aufagstiegn,
A' golde's Wappn hat ma' g'segn,
An' groß'n Löwn drunter liegn.

Jetz springt der Seppi hi' auf's Miedei
Und hat ihr a Paar Bussein geb'n,
Da hat si' lache'd gwihrt dees Diendl
Und Alls hat gjuxt und g'lacht danebn.

Der Bua schier ausanand vor Freudn,
Hat nacher aa' dees Miedei g'führt
Zun Tanz und hat f' mit Bier und Braatl
Wie sie's halt g'hört, gar schö' traktirt.

Und hat ihm 's Miedei so guat g'falln,
Und hat ihm denkt, die werd bei' Wei',
Und wie f' na' hoam is mit die andern,
Da g'schpürt f' wohl 's Herz aa' nimma frei.

  Es gleicht halt die Lieb
  Und a' Feuer inand',
  Denn da macht aar' a Funka
  Oft gschwindi an' Brand.

  Und bal' 's amal brinnt,
  Da is 's Löschn a' Kunst,
  Denn zun Herz ko'st nit eini,
  Is All's umasunst.

  Und bo' schaug'n die mehrern
  Dees Feuer gern o',
  Und sie thään si' nit ferchtn
  Und wirma si' bro'.

III.

Wie der Mankeifranz g'eifert hat und wie s' Miedei auf Kühroint müßn hat.

In Barthlmä is gwest a' Ghilf',
Der Mankeifranz dort g'nennt,
Der hat den Buachabauern guat
Und aa sei' Miedei kennt.

Der Buachabaur hat g'habt a' Haus
Und Hof in der Schönau,
Da is der Mankeifranz oft hi',
Als waar's a' Mankeibau.

Und wegn an' Miedei is er hi',
Hat viel dees Diendl 'plagt,
Und daß er's aa' wollt heuretn,
Dees hat er gar oft g'sagt.

Jetz' nach den Schießet hat halt aa'
Der Seppi kemma mögn,
Und bunkt 'n Bauern z' wider nit,
Kaam ebba da 'was z'wegn.

Er hat ihm denkt, der Bursch is brav,
Und hat aar a' Vermög'n,
Und 's Diendl mag 'n, waar nit aus,
Die Heuret kaam ma g'legn. —

Und no'! wie froh is gwest der Sepp
Und 's Diendl bei anand,
Wie hamm s' oft gschwatzt von ihra Lieb'
Und 'druckt anander d' Hand.

„Es geht ma' für, hat sie oft gsagt,
„Der Heuretsstoa' hat recht,
„Und krieg i' di', mei' guata Sepp,
„So hon i's, wier i's möcht'.

„Denn g'wiß, i' hätt' mir's gar nie denkt,
„Daß i' an' Mo' so gern,
„So viel gern habn kunnt', wie di',
„Und so verliebt kunnt' wer'n."

Na' er: „„Mei' Miebei, derfst mir's glaabn,
„„I' laß' mi' nie vo' dir,
„„Hon aa' scho' mit mein' Vatern g'redt,
„„Der freili' nit dafür,

„„Thuat aber nix, verstehst, er sagt,
„„Es waar no' Alles z' fruh',
„„Und kenna thuat er di' halt nit,
„„Schau dees kimmt aa' dazua.

„„'S werd aber do' no' richti' wer'n
„„'Gaang ehnder aus 'n Haus,
„„So lieb, wie du, is koani mehr,
„„Meinoad, i' laß' nit aus."""

So ist der Handl ganga halt,
Und daß s' fei' an ihn denkt,
So hat ihr aa der Sepp an Ring,
Mit schöni Graanln gschenkt.

Und sie ihm na' a' Sträußl g'macht
Von Silberdrath am Huat,
Dees hat s' ihm aufgsteckt mit an' Band,
Und wie halt oa's so thuat. —

Den Mankeifranz, der bös' und falsch,
Den' hat dees gar nit 'taugt,
Und voller Eifersucht und Gall
Hat er dees Ding a'gschaugt.

Und hat nix macha kinna just,
Er hat viel boshafts 'dicht't,
Und ninderscht hat was außa g'schaugt,
Aus dera Teufisgschicht'. —

Jetzt hat amal a' Hüterbua
A' schlimmi Botschaft bracht,
Es hätt' z' Kühroint der bösi Stier
A' groß's Spetakl g'macht,

Hätt' d' Sennbrinn gstocha schier am Tod,
„Sie bringe' f' aba scho',"
So hat er gsagt, „und 's steht dahi',
„Daß s' ebba kimmt davo'."

Die Alm, die hat den Bauern g'hört,
A' so a' bravi Dirn!
Hat der halt gjammert, lieba Gott,
Die thaat i' hart verlier'n.

Und Alls hat gjammert, wer s' no' kennt,
Is gwest an' Unglück d'rauf,
Ja no', es geht an' biem a so, —
Jetz muaß an' andri 'nauf.

„Jetz muaßt du auffi," hat der Alt'
Zun Meidi nacha gsagt,
Und hat halt die, wohl 's Herz gar schwaar,
Ihr Saachl zammapackt.

Und is halt na den andern Tag,
Auf d' Alm in aller Fruh',
„O mei' Sepp, sich di' nimmer viel
„Da drobn, du lieber Bua!"

IV.

Wie zwoa Wildſchützn auf Kühroint kemma ſan, und was 's Miedei von die g'hört hat.

Nett, wier a' Sträußl Bliemin oft
In wildi Schraakn blüht,
Und freut oan' in die todt'n Stoa',
Und macht oan' leichter 's G'müth.

Schau nett a ſo liegt oft an' Alm,
Wo ringsum furchtbar's Gwänd,
Und liegt, als wier a' Gartn dort,
Wo Alles ſunſt an' End'.

Da werd oan' wieder wohl um's Herz,
Da friſcht ſi' neu der Muth,
Wann b' von an' wildn Stoa'berg kimmſt,
Wo gar nix wachſn thuat.

Und ſo an' Alm is Kühroint
In Bertlsgadner Land,
Hoch g'legn drobn bein Dachakopf
Und brunter Wand an Wand.

Der Watzmann schaugt, als wier a' Ries',
Mit seini Felsn 'nei',
Und von der Schartn funklt her,
Der Schnee wie Silberschei'. —

Da hat jetz' 's Buacha=Miedei g'haust,
Und waar der Sepp nit gwest,
Sie hätt' si', weil's so schön' da drobn,
Um alles andri tröst't.

'Den Buabn hat s' aber allwei' denkt
Und is halt gwest sei' Traam,
Und daß er scho' die Gambsein z' lieb,
Recht bald da auffi kaam.

Amal, 's is gegen Abend gwest,
Thuats bei der Hüttn steh',
Da sich't s' von Schapbach=Bodn her
A' Paar mit Birn geh'.

Sie hat s' nit kennt, und hat ihr 'dunkt,
Als waarn's Rauber schier,
Auf b' Hüttn kemma s' auf 'n Steig,
Da geht s' weg vo' der Thür.

Und wie s' durch's Fenster außi schaugt,
Und hat s' scho' nachet g'segn,
Da hat si' 's Diendl gforchtn, schau,
Hat s' nit b'erwartn mögn.

Da steigt s' auf d' Heubüh' und da drobn,
Da hat se sie versteckt,
Es san zwoa schiechi Schützn gwest,
Und hamm's meinoad d'erschreckt.

Jetz' schaugt der oa' bein Hüttl 'rei',
'N Stutzn in der Hand,
Der ander' aa', na' genga s' 'nei',
Und schaugn in Stall umananb.

„Alls laar, sagt oana, is wohl draußt
„Bein Viech die Sennderinn,
„Thuat nix, is ja der Keller off',
„Da koch' mer uns herinn."

Da habn s' Milli aufa gholt
Und Schmalz und Mehl dazua,
Und habn 'kocht und 'gessa na',
In allergrößter Ruh.

Na' kent' der oa' sei' Pfeifei o',
Und sagt, dem gschechets recht.
„Du werst es segn, er geht ei',
„Mei' Botschaft is nit schlecht."

„„'N Seppn moanst, den Jagabuabn?""
„Wohl, wohl, den krieg' ma morgn,
„Um dem sei' Kugl derf mer uns
„I moa', wohl nimmer sorg'n."

„Der hat's scho' 'packt auf unser oa's,
„Is aa' glei' bei der Hand,
„Und schießt dernachst mein' Bruadern schö'
„'N Büchsnschaft vonand'."

„"Gel' bei Ringkennl kimmt er rauf?""
„Da kimmt er morgn fruha,"
„"No ja, da kon er gar nit aus,
„"Da hamm ma Vorthl gnua.

„"Die Rastbank kennst, dort waar der Platz,
„"Da is der Grabn eng,
„"Dort legn mir uns halt zeiti' für
„"Und paßn in den G'häng.

„"Und gar nit schieß'n, moanet i',
„"D'erschlagn thäa' mer 'n glei',
„"So macht's koan' Lärme', und i denk',
„"Der G'schspaß is bald vorbei.""

„Allmal, nit schießn, aber flink
„Muaß's g'schegn, pack' mer o',
„Damit er gar nit zun ihm kimmt
„Und 's Messer ziegn ko'."

So redn die zwoa und 's Miedei denkt
'N Sepp scho' in der G'fahr
Und 'zittert hat s' an Händ und Füß'
Vor Schreck, wur's ebba wahr.

Jetz' sagt der oa', „da bleib' ma nit,
„Der Teufi woaß, wer kimmt,
„Und kaam der starki Ruap daher,
„Na' waar' ma boshaft g'stimmt.

„A' Staabei woaß i', da is Fried,
„Da leg' mer uns geh' 'nei,
„Bis um a' fünfi brauch' 'mer erst
„Morgn auf der Fürleg sey'."

So san f' dahi', und wie f' na' furt,
Is 's Miedei abag'stiegn,
Und fallt auf b' Knie, ganz ausanand,
Und bleibt a Wei' so lieg'n.

Und na' springt f' auf: „Muaß heunt no' na'
„Und kostets mir aa' 's Lebn,
„O heilige Muatta, muaß 'n Sepp
„No segn und Botschaft gebn."

Wie f' außi kimmt, hat f' nix mehr g'segn
Vo' die, und schleunt fi' gschwind,
Daß f' no' vor Nacht den rechtn Steig
Hi' auf Ringkennl find't.

Denn da muaß f' aba, o wer's kennt,
Dees is a' g'wagter Gang,
Koan' schiechern Grabn ebba geit's,
Und dauert woltern lang.

Was aber to' a' Diendl schau
Nit für sein Liebstn thoa',
Die scharpfn Wänd' steigt s' bei der Nacht
Da aba muattersloa'.

Und wie s' na' zu der Rastbank kimmt,
Is s' schier ohnmächti' worn,
Da sollt' er sterbn morgn fruh,
Und Alles waar verlorn!

Sie setzt si' hi', der Mond hat g'scheint,
Da pfeifts von obn ra',
A' Rudl Gambs hat s' ebba g'wahrt,
Und lassn Stoaner a'.

Sunst Alles ringsum grausi' still,
Und wie s' grad g'schnauft a weng,
Steigt s' wieder weiter, wo der Grabn
Am gaachestn und eng. —

'S hat brüber wohl an' Engel g'wacht,
Und daß ihr halt nix g'schegn,
Und endli' hat s' Sanct Barthlmä
In Mondschei liegn segn.

V.

Wie die Jaga von Bartlmä auf d' Wildschützn ganga san und was der Mankeifranz a'gstift' hat.

Unt' z' Bartlmä, da san in Gschlößl
Gar friedli' bei ananda g'hockt
Der Leitner und sei' Suh' und 's Wei',
Der Mankeifranz und b' Dirn dabei.

Die Weiber habn fleißi gspunna,
Die oan'n vo' der Jagd verzählt,
Und b' Red' is gwest, es waar a Bär
Gsegn wor'n auf'n sioanern Meer.

Dem müß' ma z' Gfalln geh', sagt der Förster,
J' woaß an' Platz, recht für a' Gruab,
Is, wie s' es liebn, a' stiller Ort,
Und gar a' guata Wechsl dort.

Und na' verzählt er, wie sei' Vater
An etli' Bärn g'fangt und kriegt,
Und wie er kemma oft dazua
Mi'n Vatern, no' als Jagabua.

Na' is auf morgen austhoalt wor'n,
Der Sepp, der geht in Dachakopf,
Er woaß's, und in der Kaunerwand
Da schaugt der Franz brent umananb.

Und i', i' wer' in Burgstall birschn,
Dees Teufisviech, die Abler dort
Und Geyer hamm von n' kloan'n Schlag
Zwoa Gambskitz furt bei'n hell'n Tag.

Und wie s' so redn, is b' Hausthür ganga,
Und bellt der Daxl, no'? wer kimmt?
Schau 's Buacha-Miedei, — „Gott sey's Dank,"
Sagt die, und sinkt na' auf a' Bank.

Der Sepp springt auf: „Was is denn g'schegn?
Thäats Essi' her, sie rührt si' nit,
Was is's denn, schaugts der armi Narr,
Wie s' bloach is, — „„meinoad es is wahr.""

Und b' Muatta bringt daher an' Essi',
Derwei' is 's Diendl wieder worn,
Und wie s' All' 'rumstehn, hat s' verzählt,
Was für a' Fall'n 'n Seppn g'stellt.

Und hat 'n bitt't, gel' gehst nit aufi,
Du bist verlor'n meiner Seel, —
Da stampft der Alti mit 'n Fuaß,
„Schau, was ma' no' b'erlebn muaß."

„„Wißt's was, sagt hitzi' b'rauf der Seppi,
„„Heunt Nacht no' kemm' mehr ihna für!
„„Die fang' ma, Vater, will Enk sagn,
„„Es is a' Leichts, braucht gar nit fragn,

„„'Steigt oana 'nauf bort rechts in Grabn,
„„Und daß er über b' Schützn kimmt,
„„Und zwoa herunt', die stengen o',
„„So kemma s' nimmermehr davo'."“

„Versteh', sagt b'rauf der alti Leitner,
„Du Franz, — du steigst zum passn 'nauf,
„Und kemma' s', laß s' in Grabn 'nei
„Und muaßt wohl staab und ruhi' sey'.

„Wann s' nacha drinn' san, na' laß' Etoana
„Drauf ra' und schrei' und thua an' Schuß,
„Na' müßn s' aba, uns in b' Händ',
„Ko' koaner außi aus'n Gwänd."

Da sagt b'erschrocka die alt' Muatta:
Geh' wagts enk nit, der Franz bal' schießt,
Na is's scho' gnua, die denka dro',
Und stell'n si' so wohl nimmer o',

Und 's Miedei aa': Wagt's do' nit 's Lebn,
Es san zwoa Loba, woltern stark,
Und gwiß is's, schau, sie bleib'n weg,
J' moa', es langet scho' der Schreck'.

„Nix da! hamm nacha d' Jaga g'scholtn,
„Die müß' ma hamm, geht's wie d'er will,"
Und is no All's g'nau ausg'macht worn,
Der Alt' hat ghabt 'n größtn Zorn.

Und 's Miedei thuat der Seppi tröstn,
O mei'! den Diendl is 'worn so bang,
Von oana G'fahr ietz' waar' er frei,
Und in' an' andri geht's auf's neu.

Was willst da macha? d'rum san f' Jaga
Und koani Zweschbnhandler worn,
A' Jaga, der nit bei der Schneid,
Der hat's vo' Haus aus scho' verfeit.

Nach Mitternacht, so san f' halt außi,
Und auffi in Ringkennlgrabn,
Fruh genua steht jeder auf sein' Stand,
Der Mankeifranz hoch auf der Wand.

Sie hamm scho' gmoant, es will nix kemma,
Jetz aber wie der Tag hat graut,
Da hat mer f' geh' g'hört in die Stoa,
Jetz' kemma b' Jaga sicher z' thoa'.

Bein erstn Laut, da biegt si' füri
Der Mankeifranz, da sicht er f' scho',
Jetz' bleibn f' steh' und murmln 'was,
Und schaugn si' um dort in den Paß.

Der oa' na' legt si' hinter b' Rastbank,
Der ander' loant si' hint'r an' Eck,
All's staab, der Franz aa mäuslstaab,
Bis 's amal lichter wern thaat.

Jetz' moant er, thuats es, und da schiebt er
'N groß'n Stoa' und laßt 'n o',
Und schreit und schießt ra' von der Wand,
Daß Alles bunnert in anand.

Und d' Schützn auf, als wann der Teufi
Dahinter waar, 'n Grabn 'ra',
Da schreit der Sepp den erschtn o'
Und hängt ihm in der Gurgl dro'.

Und mit'n Bergstock hat den andern
Der Förster grausi niedergschlagn,
Der erschti aber, wier a' Bär,
Der wirft 'n Sepp und werd ihm Herr,

Und reißt b' Bix 'raus, die er ihm 'packt hat,
Da springt der Vater zeiti z' Hilf,
Und wie s' da Arbet habn gnua,
Kimmt glückli' no' der Franz dazua.

Jetz' hamm se s' g'worfa, und na' 'bundn,
Is just nit g'schpaßi' gwest die Gschicht,
Na' hamm se s' aba aufn See
Und überg'fahrn auf Barthlmä.

Da hamm von Fischerhaus die Weiber,
Gott danke'b hoamli außa g'schaugt,
Gar froh, daß b' Wildrer 's Gschpiel verlorn, —
Die san gar guat na' ei'gspirrt worn.

Und hat 'n Miedei 'dankt der Seppi
Und freundli' wohl der Vater aa',
Die is na' furt — und schau 'n Franz,
Den hat b'erzürnt der ganzi Tanz.

„Hätt' ihm nix gschab't den Försterbuabn',
„Und 's Miedei steht jetz hoch in Brett,"
So hat er denkt, und fallt ihm ei',
„'Brock' do' dem Dienbl ebbes ei'!

„I' woaß, wie's geht, 'werb nit lang dauern,
„So laßt ma' b' Lumpn wieder aus,
„Da will i' do' a' Wörtl sagn,
„Damit s' der Dirn 'was nachatragn."

Da geht er zu die Wildrer eini,
Und lacht, ees seybs wohl guati Narrn,
Und sagt 'n Miedei sein' Verrath
Und wie se's so schö' a'gricht't hat. —

Ja b' Eifersucht, dees is a' Teufi,
Wie koana sunst auf dera Welt,
Dees werb's in dera Gschicht' no' segn,
Daß's vieli wohl kaam glaabn mögn.

VI.

Was d' Wildschützn ausg'sagt hamm und wie der Sepp 'n großn Jammer d'erlebt hat.

Dees Unkraut, dees der Franz hat g'saat,
Is nit danebn g'falln,
Die Wildrer hamm in Rachsucht denkt,
Dafür soll 's Dienbl zahl'n.

Und hamm was z' lügn ausstubirt,
Mehr, als der Franz hat g'wißt,
Denn ei'geh' auf a' selli Weis',
Koa' Wildrer nie vergißt.

Denn andern Tag, fruh kimmt der Sepp,
Und führt s' zun Förster 'nei',
Der sagt: „Es nutzt Enk 's Laugna nix,
„Drum red's und b'stehts es ei'.

„Ees habt's 'n Sepp d'erschlagn woll'n,
„A' Holzknecht hat's uns g'sagt,
„Er hat Enk redn g'hört auf Kühroint
„Von enkra saubern Jagd.

„Jetz b'stehts es ei', wie's g'wesn is,
„Denn draußtn is der See,
„Der mit an' Stoa' da drinna liegt,
„Dees wißt's, geht nit auf d' Höh'.

„Verstandn?" — Und da sagt der oa',
„„Herr Forstner müßts verzeign,
„„Die Gschicht is nit, als wier Es sagts,
„„Und wolln ma' nix verschweign,

„„Die Dirn z' Kühroint hat uns verrathn
„„Und boshaft no' dazua,
„„Denn koana hat von uns bra' denkt,
„„Wo hi' geht enka Bua.

„„Es is a so, und 'sags Enk glei',
„„Die Dirn mag b' Maaner gern,
„„I' bi' schon öfter gwest bein ihr,
„„Da kunnt' i's inne wern.

„„Jetz' 's letztmal hamm mer uns b'erkriegt,
„„Und i' ho' drüber g'lacht,
„„Und sag', 'bist grad bein Tag so bös',
„„Wohl anders bei der Nacht.

„„Und is no' oani gwest dabei,
„„Und b'rum, schaugts, der Verdruß,
„„Selm is ihr b' Bosheit kemma scho',
„„Und nachher aa' der B'schluß.

„„Denn auf amal hat f' wieder g'scherzt,
„„Und sagt', bal' b' öfter kimmst,
„„Na' wußt' i' wohl a' Freud' für di',
„„Und bal' b' mi' nimmer stimmst.

„„I frag', was denn? und schau, da sagt s'
„„An' Gambsbock hon i' g'segn,
„„Denn woaß i' sicher und a Leicht's,
„„So bringts den Loba z'wegn.

„„Unt' bei Ringkennl, obern Holz,
„„Da hat der Bock' sein' Stand,
„„Da hon i'n zwoamal g'segn scho',
„„Glei' auf der erstn Wand.

„„Und grad damit i'n springa sich,
„„So hon i' 'n na' b' erschreckt,
„„Da is er furt und hat si' drobn
„„Drinn in Ringkennl g'steckt.

„„Na' sagt s', jetz' schaugts', heunt muß i na'
„„Mit Schmalz auf Bartlmä,
„„Und morgn treib' i' enk 'n Bock,
„„Na' wann i' aufa geh',

„„Denn daß er da is, woaß i' g'wiß,
„„Und waar er just davo',
„„So machts Enk ja koa' großi Müh',
„„Sitzts in dem Grab'n o'.""

Ja, sagt der andri, so is's gwen,
Jetz' wißts es, was 's bideut',
Mir armi Teufi vo' Faleck,
Mir genga nit auf d' Leut. —

„Ees lügts, Eees Gottverdammti Seeln!"
Springt jetz' der Sepp dazu,
Da hat 'n z'ruck no' ghebt der Alt,
Und gfibbert hat der Bua.

Da plauscht der Franz 'n Förster aa'
In's Ohr an' etli' Wort,
„Dees oa', dees hon' aa' scho' ghört,
Und Glegnheit is dort."

Und werd den Alt'n woltern weh,
Und droht, er laßet f' schlagn,
Wann f' nit die Redn naahma z'ruck
Und thaatn b' Wahrheit sagn.

„Was nutzet denn dees Lügn uns,"
Hamm na' die andern gsagt,
„Und wer's nit zutraut dera Dirn,
„Der hat nie viel d'rum g'fragt."

Da laßt f' der Förstner weiter führ'n,
Und jammert: 's is a Gwalt,
„Wann f' aa scho' lüg'n, is do' was dra',
„Schau, was ma' just nit g'fallt.

„Bikanntschaft mit an' sellan Volk
„Taugt nix, is f' wie d' er will,
„Und so verstelln nacher, Bua,
„Dees is a bisl z'viel."

Jetz' schwört der Sepp um all' sei' Lebn:
„„Denkts no', was hätt' s' denn bitt',
„„Schau 's Miedei, und was hätt s' denn g'sagt
„„Selm, wagts es nit damit!

„„Hätt' sie s' aus Bosheit g'führt in d' Falln,
„„So hätt' s' wohl dees nit 'tho',
„„Nit o'greb't uns von Auffigeh',
„„Sie hätt' si' g'freut da dro'.""

„Ja Bua, dees Ding is oft a so,
„Sie hätt's leicht anders wolln,
„Mir hättn s' grad für ihran Gschpaß
„A' wen'g b'erschrecka solln,

„Nit fanga glei' auf Lebn und Tod,
„Schau Sepp, i' ho' di' gern,
„Und hoff' mir selm, mir wern no'
„Des Rechti inne wern,

„Derwei' gehst aber nit zun ihr,
„Sunst kemmts ma' nit in's Haus,
„I' woaß scho', wier i's außa bring',
„Da kimm i' scho' no' b'raus'"

O arma Sepp! den hat's wohl g'schmerzt,
Soll nit zun Miedei geh',
Zu ihr, die ihm sei' Leb'n g'rett't,
Die soviel lieb und schee',

„Was muaß f' ihm denka denn vo' mir,
„Und wann i' gar nit kimm,
„Und wann i' was f' um mi' hat tho',
„Mir gar nit z' Herzn nimm!

„Und nit thoa', was der Vater will,
„Dees thuat's nit ohni G'fahr,
„Er is so guat, hat f' selber gern,
„Und mirket er's, waar's gar."

So is er schier a' Wocha lang,
Als wie verzweifit gwest, —
Der Mankeifranz hat aber g'habt·
A' Freud', die allergrößt'.

VII.

Wie 'n Miedei auf der Alm gweſt is und wier a' Baſl von Forſtner die Wildſchützn gſtimmt hat.

Vo' Herzn hat ſi' 's Miedei gfreut
Nach dera böſn G'ſchicht,
Und gmoant, es hätt' ſi' Alls dabei
Recht glückli' zammag'richt't.

Und hat wohl unſern Herrgott 'dankt,
Daß 's a ſo ganga is,
Und denkt, jetz is der Seppi mei',
Jetz' is's ja bengerſcht gwiß.

„Es hat's der Vater deutli' g'ſegn,
„Wie mir anander b'ſtimmt,
„Der Sepp kimmt wohl in Hoagaſcht bald,
„Wie freut's mi' wann er kimmt."

Der Sepp is aber kemma nit,
Den oan', den andern Tag
Hat 's Diendl g'hofft und gwart' und g'ſchaugt,
Ob ſ' nix b'erſchaugn mag.

Sie sicht halt nix und 's kimmt halt nix,
Da is ihr anders worn,
Was muaß dees sey'? bal' kriegt s' an' Angst,
Bal' kimmt ihr gar der Zorn.

„Jetz' muaß er kemma, hat s' oft denkt,
„Na' zoag' ihm 's aber gwiß,
„Wie daß i's nit d'erleidn mag,
„Bal' oana gar so is,

„Meinoab, i' schaug' 'n gar nit o',
„Von Bussein gar koa' Sprach,
„Jetz schier a' Wocha kimmt er nit,
„Na', dees is nit mei' Sach.

„Es is scho' boshaft, wier er is,
„I' woaß nit was er moant,
„Hat ebba gar an' anderni," —
Und na' hat s' wieder gwoant.

Und wieder gjuchezt, wann ihr aa'
In Herzn gar nit wohl,
Hat bengerscht gmoant, jetz' antwort't er,
Und daß er's hörn soll.

Ja Diendln, die Lieb'!
Dera sicht mar's nit o',
Wie s' oft zun b' Erbarma
Da's 'rumtreibn ko',

So schö's an biem is,
Und so weh thuats an biem,
Und 's irgst auf der Welt
Is scho', unglückli' liebn.

Derwei' 'n Sepp, wier i's verzählt,
Hat's aa' scho' kloa' vergrämt,
Und hat sei' Sehnsucht um sein' Schatz
Halt schier gar nimmer zähmt.

„Die ander' Wocha gehn i' 'nauf,
„Und waar's gar wie d'er will,
„Denn so a' Zweifln bringt mi' um,
„Es thuat's nit', dees is z' viel."

So is ihm gwest. Jetz' End der Woch
Muaß er in Burgstall 'nauf,
Sollt' um Gamsgeher schaugn dort,
Und fleißi' birschn b'rauf.

So hat's der Forstner habn wolln,
Und g'horsam geht er halt,
Wie's in ihm tho' und g'arbet' hat,
Es hat's wohl g'wahrt der Alt'.

Und dem is selber gwest gar loab,
Und hat's nit glaabn mögn
Von Miedei, aber dengerscht halt,
Wie's is, muaß mar erscht seg'n.

Mit die Gedanka sitzt er so
Dahoam und brummit drei',
Er muaß den andern Tag auf's Stift
Und b' Schützn bringa 'nei'.

Da sicht er draußt a' Schiffi fahr'n,
„Dees is ja b' Grebl gar,
„Mei' Baasl, schau, vo' Reiche'hall,
„Ja is es jetz', is's wahr?

„Meinoab sie is's," da geht er 'naus,
„Ja Grebei, grüß' di' Gott,
„Wie lang scho' hon i' di' nit g'segn,
„Ho' denkt, bist gar scho' todt!"

„„Na Vettermo', bees waar nit aus,
„„Gottlob bi' kreuzwohlauf
„„Und All's dahoam, auf's Sterb'n, schau,
„„Da denk' ma gar nit d'rauf.

„„Mei' Vater, der is z' Bertlsga'n,
„„Na' sagt er, jetz' fahr' 'nei',
„„Und b'juach' 'n Leitner, wie's ihm geht,
„„'Keh' aa schon amal ei'.""

„No', bees waar recht, ja Grebei schau,
„Du kimmst ma' größer für,
„Und stark, du gehst ja ausenand',
„J' kenn' di' nimmer schier."

„„Gel', ja so is's, is aa' guat sey'
„„Bei uns, sag's allemal,
„„A' frischi Luft und frischi Leut',
„„Die find't ma z' Reiche'hall.""

So is halt gschwatzt worn, nacha fragt s'
Was denn der Seppi macht,
Und ob er aa' no' Zithern schlagt,
No' so gern tanzt und lacht.

Da hat der Förster halt verzählt,
Was gschegn is, und sei' Noth,
Und wie's 'n Buabn so verdrießt,
Und grämet si' schier z' todt.

„'Muaß morgn mit die Wildrer 'nei',
„Ei's Stift, so hat er g'sagt,
„Und ho's um 's Diendl hi' und her
„Auf alli Art'n g'fragt.

„Sie sagn halt, sie kenne' s' erscht,
„Derweil s' am Kaaser dort,
„Was willst da thoa', es ko' so sey',
„Vielleicht aa' koa' wahr's Wort."

„„Ja no', und was sagt 's Diendl denn?""
„Ho's freili' no' nit g'fragt,
„Was aber is's, wie kennst di' aus,
„Bal' s' aa' was anders sagt."

„„Geh', 'glaabs nit, — aber ebbes, schaugts,
„„Dees kinn ma' do' probirn,
„„Wie waar's i mach' die Sennderinn,
„„Na' wer' ma scho' was g'schpürn.

„„I' nimm von entra Dirn a' G'wand,
„„Und is's, wie 's Miedei sagt,
„„So habn sie 's ja gar nit g'segn,
„„Leicht grab 'n Nam' b'erfragt."„

„Wahrhafti', Dienbl, dees kunnt' geh',
„Und kaam' ma vielleicht b'raus,"
Da richt't si' aa' glei' b' Gredl 'zamm,
Wie sie's halt find't in Haus.

Und stellt a' Krax̣n 'nei' in b' Stubn',
Und setzt si' hi' dabei,
Und holt der oa' die Schütẓn na':
„Jetz' Sennderinn, red' frei,

„Und sag's, was dees für Lumpn san,
„Die so schlecht red'n vo' dir?"
„„Meinoab, dees Gsindel kenn' i' nit,
„„Die san nie gwest bei mir."„

Da lacht der oa', „was? nie bei dir,
„Du falschi Gsellinn, wart,
„Hast ma' die Uhr nit gschenkt danachst?
„Wo b' gar a so vernarrt?!

„Schaugs' o' die Uhr, ob s' nit die dei',
„Und b'stehst di' nit dazua,
„Na' werd s' dei' Vater kenna scho' —
„Is dees nit Zoagschaft gnua?"

„„Kreuz Sakra, schreit der Förster jetz',
„„Des halt' i' nimmer aus,
„„I' will Enk enkri Lugn zahln,""
Und reißt sei' Messer 'raus.

Da springt no' 's Basl zwischn 'nei',
Ganz bloach san d' Wildrer 'worn,
Und bringt s' a' Ghilf gar gschwindi' 'naus
Er kennt den van' sein' Zorn.

A' Narret, dees is wohl a' Race,
Jetz hamm s' ihr d' Uhr no' g'stoln,
Und hätt'n 's Miedei gern damit
Verdächti' macha wolln.

Und wie hat si' dees Baasl g'freut,
Waar no' der Sepp scho' da,
Gaang selber mit ihm auf Kühroint,
Und holet 's Dienbl 'ra.

'N Forstner aa' werd wieder wohl,
„Führ' heunt no' d' Schützn 'nei',
„So sich i' morg'n 'n Sepp sei' Freud',
„Dees werd a' Gaudi sey'!"

VIII.

Wie der Mankeifranz 'n Sepp grausam um's Lebn bringa will.

Der Mankeifranz is um die Zeit
Hoch auf' an Boivn g'hockt,
Und hat auf b' Gambs mit großn Fleiß
Weit eini g'schaugt in's Hochi-Eis.

Es hat 'n Neu just g'schniebn g'habt,
Da sicht ma' b' Gambsein schö',
Und er hat b' Rubl zähln solln,
So hat's der Forstner habn wolln.

Hat auf dem Schnee wohl hübsch 'was g'segn,
Es geit's dort aa' grab gnua,
Und wier er's ghabt hat, is er ro',
Und gegn b' Eiskapelln no'.

So hoaßt ma' dort a' Höhln von Eis,
Die steht Jahr aus, Jahr ei',
Und zwischn himmihochi Wänd
Liegt s' drinn, wo 's Thal scho' schier an' End.

Da fallt a' Schuß von Burgstall her,
„Dees is der Seppi gwest,"
Und 's Echo hi' und wieder prallt's,
Gar lang dort in die Schraakn hallt's.

Da er sicht, daß an' Adler kimmt,
Der allwei' niedrer streicht,
Jetz' fallt er, bei der Eiskapelln, —
„Schau, den ko'st jetz' n' Seppi stehl'n."

Dees kimmt 'n Franzn glei' in Sinn,
Und schleunt si' auf den Platz,
Da liegt er drobn an der Wand,
Liegt an 're Klamm nett auf'n Rand.

„Schau, waar schier gar da eini g'falln,
„Dees Loch is woltern tief,"
Da schaugt er abi in die Klamm,
Geht kirzngrad und ninderscht z'amm.

Und schau, wie oan' der Teufi' reit't,
Was fallt ihm dabei ei'?
Er denkt, dees is a' feini Gruabn,
Da fang' i' 'n geh, 'n Sepp, den Buabn.

G'schwind holt er Aest und Stangln her,
Und deckt mit Schnee schö' ei',
Grad, daß's 'n Adler tragn no',
Und 's Loch koa' Mensch nit mirka to'.

Und wie dees Alles sauber g'richt't,
So kriecht er ruckwarts ro',
Und hat sei' Fihrt gar guat verfihrt,
Damit 'n nit der ander' spürt.

Na' geht er, daß er 'n no' bigignt
'N Sepp, dees laßt nit aus,
„Heunt, Bruada, schlaf' i' nit bei dir,
„Heunt kriegst an' eisi's Nachtquatier."

Und wo der Steig a' Reibn macht
Hi' gegn die Kapelln,
Da hat er gwart't und nit gar lang,
So kimmt der Sepp denselln Gang.

„Hast ebba gschoßn, sagt der Franz,
„I' ho' an' Tuscher g'hört,"
„„Ja wohl und dees verstehn i' nit,
„„Wie's jetz da ganga hat damit.

„„'Ho' untern Burgstall eina 'birscht
„„Und ho' an' Adler g'segn,
„„Und schleich mi' da gar sauber o',
„„Und hon' ihm do' dees Recht nit tho'.

„„Denn daß i'n 'troffa, woaß i' g'wiß,
„„Er is na' selm nei',
„„Um b' Eiskapelln selm 'rum,
„„'Ho' schaugn kinna grab a' Trumm.

„„Bal' du da herkimmst, muaßt b' ja wohl
„„Was g'segn hamm davo'?""
„Schau, hat mi' dunkt, i' hätt' was g'segn,
„Is dort am Schnee a' Brocka g'legn."

„„Na' is er's scho', na' bin i' froh,
„„Den muaß i' heunt no' hol'n,""
„Ja ja, er is's, es feit' si nit,
„Pfüt' Gott, und bring' 'n sei' bal' mit."

So san s' vonand, da denkt der Franz,
„Heunt gehn i nimmer hoam,
„Sunst müßt' i' sagn 'was davo',
„Wo i' 'n Seppn troffa ho',

„Und morgn gehn i' auf Kühroint,
„Und kehr' bein Miedei ei'. —
„Mit Taubn fangt ma' d' Habicht, gel',
„Mit Adler di', verbraahter G'sell." —

Der Sepp steigt jetz' auf d' Eiskapelln,
Und kimmt zun Adler hi',
Da legt er Bix und Stecka weg,
Und will 'n hoi'n von den Fleck.

A' Schritt dabei, und no' a' Schritt,
O Gott, da bricht er durch,
Und abi geht's, wie Pfeil, in d' Klamm,
Und kracht, als brechet Alles zamm'.

Da leit er b'runtn in der Schlucht
D'erschlagn an Eis und Stoa',
Und in an' eisign Wasser drinn,
Und ihm vergenga alli Sinn'.

IX.

Wie 's Miedei auf Bartlmä hat geh' woll'n und wie s' in's Kirchei z' St. Johann und Paul kemma is.

Derwei bees gschegn, wie i's g'sagt,
Is 's Meidei auf der Alm
Schier krank 'worn schau vor Kummernuß,
Vor lauter Wartn und Verdruß.

Und wie der Samstag kemma is,
So sagt s' zun. Hüterbuabn,
Gieb fleißi' Acht herobn, i' geh'
In Hoagascht heunt auf Barthlmä.

Und geht dahi' und hat ihm denkt,
Kunnt seh', der Sepp is krank,
Er waar' ja sunstn kemma gwiß,
'Muaß schaugn, was ebba g'schegn is.

Und wie s' vom Grabn abasteigt,
Hört s' unten Stoana geh',
Und kimmt der Mankeifranz dagegn,
Den hätt' s' wohl lieber gar nit g'segn.

„Hoho, mei' Miedei, ruft er f' o',
„Wie kemma mir da zamm,
„Woaßt ebba wieder a' Paar Dieb
„Und gehst bein arma' Buabn z' lieb.

„„Na na, sagt 's Miedei, nix vo' den,
„„Muaß aba um a' Salz,""
„Und moa'st', i' woaß's, der Seppi d'runt,
„Gel', daß dir der oa's gebn kunnt.

„Du, da is's nix, der is vergrämt,
„Was Sakra, fangst denn o',
„Die Schützn hamm an' Lärma g'macht,
„Du waarst so freundli' bei der Nacht.

„Und thuast sunst gar so kluag und frumm,
„Hast gmoant, es kimmt nit auf,
„Der Seppi hat vor lauter Zorn,
„Schier d'rum sei' bisl Hirn verlorn."

„„Was schwatzst denn wieder, laß' mi' geh',""
Sagt 's Dienbl und will furt,
Da halt' s' der Franz und sagt, so hör',
Warum der oa' nie kemma mehr.

Und hat ihr gschwindi' All's verzählt,
Und wie der Sepp so wild,
Und sagt, er bringt di' selm in's G'reb'
„An' sellan Loba möcht' i' net.

„Und werst scho' segn, wie's dir geht,
„Bal' d' 'nei' zun Forstner kimmst,
„'S bideut' di' nix, kehr' um mit mir
„Und glaab's, i' kenn' dees Volk dahier."

Meinoad, es is ihr schwindli' worn,
Do' hat se's nit recht glaabt,
Und schaugt 'n scharf, den Franzn o',
Und reißt na' aus und laaft davo'.

Da lacht der für ihm: laaf no' zua,
Du werst 'was schö's b'erfragn, —
Jetz liegt er ebba sechzeh' Stund',
Und wußt' nit, wer 'n find'n kunnt. —

Und 's Miedei in Gedanken geht,
Ob wohl 'was wahr's dra' waar,
Was s' g'hört hat, und da drüber, schau,
Vergeht se si' brunt' in der Au.

Und wie s' es mirkt, steht aufamal
A' Kirchei z'nachst vor ihr,
Dees is gar schö' und hoamli' g'legn,
Vom Weg in's Eis, da ko' mar's segn.

Ma' hoaßts dort z' Sankt Johann und Paul,
Und geht davo' die Sag',
Es kaama oft von Untersberg
In b' Meß' da 'nei' dieselln Zwerg.

Denkt 's Dienbl., 'will nit weiter geh',
Voneh' i' bet' a' wen'g,
Und kniet si' in dees Kirchei 'nei'.
Koa' Trost kon über's Betn seh'.

O mei' Gott, hat s' so für ihm g'sagt,
O Gott verlaß mi' nit,
Und wo i' mir nit helfa ko',
Nimm di' in Gnadn meiner o'.

Und bet't so furt und werd gar woach,
Es is ihr dabei g'west,
Als sollt' ihr recht an' Unglück g'schegn,
Und daß s' halt bschützet Gott dagegn.

Und nacha fallt's ihr wieder ei',
Schau, wann der Franz nit g'logn,
Was wern s' sagn geh' zu dir,
Wie schaugn s' di' o', i' fürcht' ma' schier.

Du lieber Gott, kunnt's no' grab seh',
J' traaf 'n Sepp alloa',
Mit den waar's leicht in Ordnung 'bracht,
J' woaß's, der Sepp hat koan' Verdacht.

Und über dem schreit draußt a' Hirsch,
Sie is ganz zammagfahrn,
An' argn Grilla hat er tho',
„Der is leicht bös' und naahm oan' o'."

Da schleicht si' 's Diendl hi' an d' Thür,
Und schaugt, ob f' 'n nit sicht,
Da steht er nettet aufn Steig,
Und arbet' an an' Tannezweig.

A' großer, großer Zwölferhirsch,
Ganz schwarz mit wilden G'stäng,
Gar trutzi' steht er draußt, und stolz,
Und schaugt so umananb in Holz.

Na' denkt se si, da gehst nit hi',
Der packet di' geh' o',
Und ziegt si' hintern Kirchei 'rum
Und geht in's Thal no' 'nei' a' Trumm.

Und wie f' so geht, wo links gar hoch
Die gwalti' Hachlwand,
Da hat f' am Schnee 'was glanzn segn,
A' silber's Sträußl is da g'legn.

„Da schau, decs Sträußl! 's is von Sepp,
„Dees hon ihm amal g'schenkt,"
Da spürt f' 'n aa', ganz frisch am Schnee,
„Heunt is der Sepp nit z' Bartlmä."

„Er muaß nit lang da eini sey'
„In's Eis, o wann i' 'n faand,
„Er is alloa', dees waar a' Freud',
„Und weg waar all' mei' Traurigkeit."

X.

Wie 's Miedei in d' Eiskapelln kemma is, und was die G'schicht für an' End gnumma hat.

Jetz' geht halt 's Miedei nach der Fihrt,
Bis f' außi kimmt am Weg,
Da is scho' wegga gwest der Neu,
Und dort is d' Außsicht weit und frei.

„Er müßt' scho' wieder außa sey',
Hat f' gmoant, sunst muaß i' 'n segn,"
Und schaugt 'rum auf die Saand und Wänd',
Und wo ma's in Hocheis hint' nennt.

Und schaugt aar auf die Eiskapelln,
Da funklt schö' der Schnee,
Auf oamal sicht f', dort leit a' Huat,
Ja ja am Schnee, da sicht f' es guat.

Sunst aber nix, da geht f' b'rauf zua,
Schaugt aufi, sicht halt nix,
Als was den Huat, „dees is der sei',
„Sich' ja mei' Band in Sunnaschei'."

Wo is der Seppi? und sie geht
Jetz nacheter an's Eis,
Da is a' Gwölb, wo mer eini ko',
Und eisi' waaht oan' b' Luft dort o'.

„'Hat leicht verg'haltn da a' Gambs
„Und holt's jetz," — da luuft s' 'nei',
Und hört was bumper drinna hall'n
(Thään b' Tropfa so, bal's abafalln).

„Was hör' i', und sie ruaft: Mei' Sepp,
„Mei' Sepp, bei' Miedei ruaft," —
O Graus! da wimmerts in der Wand,
Vor Schreck kimmt b' Dirn schier ausnanand.

„Dees Wimmern is nit in den Gwölb,
„O heiligi Muatta hilf,
„Der is wo einigstürzt, o Gott,
„Mei' Sepp! vielleicht scho' halber todt!"

Verzweiflt steigt s' 'nauf gegn b' Wand,
Hat's kaam b'ermacha kinnt,
Und müht si' halt, ob s' gwahret nix.
Da sicht s' 'n Stecka aa und b' Bix.

Und sicht die Klamm, in Todesangst
Geht s' hi', und richti' drunt',
Da leit der Sepp, da schreit s' ihm zua,
Um Gotteswilln, Sepp, mei' Bua!

Und thuat an' Schroa, daß's weit 'rum hallt,
Und sinkt am Bodn zamm, —
Da schaugt a' Jaga von der Höh',
Der's g'hört hat, eini auf 'n Schnee.

Es is der alti Forstner g'west,
Der g'suacht scho' um sein' Suh',
Jetz sicht er liegn 's Dienbl dort,
Rimnt aa' der Schroa von selln Ort.

Na' is er mit an' Holzknecht hi',
Dees is a' Jammer g'west,
Und bis s' 'n Seppi außa 'bracht,
Dees hat ihna wohl Aengst'n g'macht.

Und bengerscht is mit Gottes Hilf
Der Sepp b'erhaltn worn,
Er hat nix 'brocha, und si' gwihrt
Mit Rührn, daß er nit b'erfriert.

Hätt's aber dauert no' a' Stund',
So waar er gwiß b'erleg'n,
'Hat 'bet't scho' um a' gnäbig's End,
Da hat se si' no' anders g'wend't.

Jetz' hamm s' 'n bracht in's Försterhaus,
Und hat si' bal' b'erholt,
Es hat 'n ja sei' Miedei 'pflegt,
Da hat si' Sorg' und Kummer g'legt.

Und wie der Vater na' verzählt,
Und d' Muatta, 's Baasl aa',
Und wie se 's Miedei g'lobt und g'herzt,
Da hat er sei' Unglück bald verschmerzt. —

Und in drei Wocha hat ma' gsegn,
Da fahrt a' Schiff am See,
Mit greani Tarn lusti' ziert,
Dees hat f' als Brautleut' überg'führt.

Und hamm beim Echo b' Birn 'kracht
Und Böller drei', 's is gwest a' Pracht,
Und manches Dienbl, mancher Bua
In Berg hat gjuchezt frisch dazua.

Und kemma san auf b' Hochzet na'
Die Dienbln alli z'amm',
Die selm mit ihr in' Heuretsstoa
So lusti' gworfa hamm,

Und weil der Heuratsstoa nit g'logn
Und nit derselbi Wurf bitrogn,
So san natürli' jetz' da b'rauf
Oft ganzi Rudl Dienbln 'nauf,
Und kunnt' mar ihm mi'n Werfa o',
Sie hättn 'n lang b'erworfa scho'. —

Mi'n Mankeifranz hat aber wild
Bal' d'rauf a' böser Zufall g'schpielt,
Denn bei der Eiskapelln dort,
Wo er ihm ausstudirt den Mord,
Da geht bei'n Schnee' a' Laana o'
Und schlagt 'n in an' Grabn no',
Und hat's gar grausam müß'n zahl'n,
Denn maustobt hat er si' d'erfalln.
Dees ko'st, wie's gwesn is und gschegn,
No' heunt dort auf' an' Taaferl segn.

Erläuterungen.

a', ein, eine, vor einem Vocal — an', a' Kua, eine Kuh, an' Alm, eine Alpe.

aa' = auch, vor einem Vocal wird ein r angehängt aar.

aaba wern bezeichnet das Weggehen des Schnees von den Bergen, z. B. 's is zeiti' aaba worn, der Schnee ist bald (frühzeitig) weggegangen. An' aabena Fleck, ein Platz wo der Schnee weggegangen ist.

abi = hinunter, hinab.

ablaaffa = ablaufen.

Ahnl, Aahnl = Ahnherr.

allbot, jeden Augenblick.

Almrausch heißen in Berchtesgaden die Almrosen.

āmāl = einmal; auf āmāl = auf einmal d. i. plötzlich, bei besonderer Betonung sagt man auch auf oamal und als Zahlwort oamal.

Antn, Aantn = Enten.

außi = hinaus.

Baam = Baum.

Bichl = Hügel.

bischpern = flüstern.

Bliemi = Blume, Blümchen, eigentlich Bleami, wird ähnlich ausgesprochen wie im Französischen Blin mit angehängtem mi.

Blimbachthor, Bleabachthor, ein hochgelegenes Felsenthor am Ende des Blümbachthales gegen das Berchtesgadnische. Das Steinerne Meer und der Ewige Schnee sind ebenfalls an der Berchtesgadner Gränze im Salzburgischen.

bloach, bleich.

Bloama = Blumen.

Blöcha, Blache, großes Stück Leinwand, womit z. B. die Lastwägen bedeckt werden.

Boar, Boarn, Bayer, Bayern.

Bock, ein Doppelbier, welches in München im Mai getrunken wird.

Boivn, eine Felsenkuppe.

Boschn, Gebüsche.

brinnroth, brennendroth.

brocka, pflücken, Brocka, Brocken.

broat, breit.

Bruaba, Bruder.

brummin, brummit, brummeln, brummelt.

buachas, buchenes, von einer Buche.

Buacha-Miedei. Miedei, Miadei, ist das Diminutiv von Maria. Ein Zusatz wie Buacha (von Buche) kommt bei Namen oft vor und bezieht sich theils auf den Namen des einer Familie angehörenden Hauses oder Hofes, theils auf Eigenthümlichkeiten einer Person und ihrer Neigungen. So Manteifranz, Murmelthierfranz, Gambs-Urberl, Gemsen-Urban ꝛc., von der Vorliebe der Genannten für die Murmelthier- oder Gemsenjagd.

Buschn = Strauß.

Bußei, Bußei'n, Kuß, Küsse.

Cammedi = Komödie.

Daama, Daumen. 'n Daama halt'n, den Daumen halten. Eine Person hält sich den Daumen, um einer andern, besonders beim Spiel, Kegelschieben, Scheibenschießen ꝛc., Glück zu bringen.

daasi, still aus Mangel an Offenherzigkeit oder Muth.

Daaxn, Tannengebüsche, auch Tannenzweige.

dahoam, daheim.

Dampes, Daampes, Rausch.

dallet, ungeschickt.

bäthö' von bäthoa', zuwegebringen.

bäwischt, erwischt.

bengerscht, bengert, baächt, = dennoch, doch.

bernachst, banaaxt, neulich.

Dicket, Dickicht.

Dickel, Benedict.

biem, biawein, an biem, an biawein'n, zuweilen.

Dienbl, Deanbl, Mädchen.
boppit, boppelt.
braahn, braaht, drehen, dreht.
brent, brentn, drüben.
bumper, bumpf, trüb.
ebba, etwa.
ebbas, etwas.
Eck. Ein vorspringender Felsen, überhaupt ein Vorsprung an einem Berge, Kuppe.
Ees, Enk, Ihr, Euch.
ehna, ähna, ihnen.
Ei', Eile.
eifern, eifersüchtig seyn.
ei'gschpirrt, eingesperrt.
enkri, engeni, eure von Enk, Euch.
erscht, erst, z'erscht, zuerst.
Ettaler-Mannl, eine Felsenkuppe bei Ettal in Oberbayern.
Faxn, Späße.
feichte's, fichtenes.
feit, fehlt.
Felberbaam, Weidenbaum.
ferchtn, fürchten.
Firt, Fihrt, Fährte.
firti, fertig.
Fleimuatta, Schmetterling.
foal, feil.
Forstmoasta, Forstmeister.
friegn s', fragten sie, würden sie fragen.
fuchti', erzürnt, schmollend.
Fürleg heißt in Berchtesgaden der Stand, wo sich ein Schütz beim Jagen anstellt.
fürnehm, vornehm.
Fürter, Fürta, Schürze.
furt, fort.
gaachest, am gaachestn, am jäh'sten.

Gaartl, Gärtchen.

gaang, ginge.

Gambs, Gambsei'n, Gemse, Gemsen (Diminutiv).

gej, gelt.

geit, gibt, es geit gnua, es gibt genug.

glaabt, glaubt.

g'fibbert, gezittert aus Zorn.

gleimer, Comparativ von gleim = nahe. Wie gleimer, wie näher (auch bleim. Berchtesgaden).

Gmoa', Gemeinde.

gnä' Herr, gnädiger Herr.

Goasbock, Geisbock.

gon, gegen, gon Alma fahr'n, auf die Alpe ziehen.

graab, grau.

Graanln, so heißen die zwei Eckzähne in der obern Kinnlade des Hirsches.

grea, grün.

Groamet, Grummet.

gront, zankt, brummt.

gschupft, drollig-närrisch, capriciös.

guat, gut.

Gul'n: Gulden, eigentlich Gnin.

gunnt, gönnt.

gwaanb't, (von Gewand) bekleidet.

Gwihr, Gewehr.

gwoant, gweint.

Hagmoar. So heißt der stärkste Raufer eines Orts.

hamm = haben.

Handsche = Handschuhe.

Harpfn, Haarpfn = Harfe.

hebt = hält.

Hecher = Heher.

heili', heilig, manchmal in der Bedeutung von gewiß, höchst wahrscheinlich.

Hendl, Henl = Huhn.

Heubüh', Heubühne in den Alpenhütten, meistens ober dem Stall.
heunt = heute.
Hies' = Matthias.
Himmi = Himmel.
hint-lassn = zurücklassen.
Hirgscht = Herbst.
ho' = habe, das o' wie im französischen on.
Ho', Hahn, Ho'salz, Hahnsalz.
hoagartn, hoagaschtn, Hoagascht, auf Besuch zusammenkommen, in Hoagartn oder Hoagascht geh', auf Besuch gehen.
hoamli' = heimlich.
Hoch-Eis, ein felsiger Berghang unter dem Watzmann gegen die Eiscapelle.
Hochzet, Hohzet = Hochzeit.
hoffa = hoffen, auch Stutzen des Wildes.
Huaf = Huf.
Huat, Hüatl, Hut, Hütchen.
Jagabliemi'n, Jägerblumen, für Edelweiß.
ihneri, eanahri = ihre, ihren.
Joppn, ein Kleidungsstück, dem sog. paletot sac gleichend. Die beliebtesten Farben sind grau und grüner Kragen.
Irger, irgst, Aerger, ärgste.
kaaf, laufe, wie das französische cave.
kamm = kaum.
Kalch, Kaich = Kalk.
Kaaser, synon. von Alpe, Alm.
Kastl, Kaastl, Kästchen.
Kathrei' = Katharina. Nach dem Sprüchwort Kathrei' sperrt 'n Tanz ei', weil vom Katharinentag an bis nach Weihnachten das Tanzen eingestellt wird.
Kei' = Keil.
'keit, in dem gebrauchten Sinn = gestoßen, abi kei'n, herunter stoßen, ei'kei'n, einkeilen.
kemma, kommen, is kemma, san kemma, ist gekommen, sind gekommen.

leut o', zündet an.

kimm, kimmt, kimmb, komme, kommt.

Kini = König.

Kirter, Kirta = Kirchweihe.

kirzngrab, kerzengerade.

klecka = ausreichen.

kloaleizi = kleinwinzig.

kloaweis = allmählig, nach und nach.

ko' = kann.

koa', koani, koana, kein (koa wie das französische coin) keine, keiner. koa's = keines.

Kreister heißt das Bett einer Sennerinn.

Krickln' heißen die Hörner der Gemse.

Kruag = Krug.

kunnt' = könnte.

Laab, Laub, in' Laabern, im Laub, Laabrecha, Laubrechen.

Laabn heißt im Gebirge die offene Gallerie an den Bauernhäusern.

laafft = lauft.

Laane, Lawine, und auch ein steiler Grabsabhang (engl. lawn).

laar = leer.

läbèt, läwèt, im Spiel verloren seyn, aus dem französischen la bête.

Lanks = Lenz, Frühling.

Lampi, Laampi, Lamm, auch Lämmer.

laßt vo' mir, verläßt mich.

Lebta', Lebtag.

Lehra, Lehrer.

leit, liegt.

Lene = Magdalene.

Liecht'n heißt ein freier Platz auf einem Berg oder Berghang.

Lisei, Diminutiv von Elisabeth, Lischen.

loabi' = leidig.

loami', von Loam, Lehm, lehmig, langweilig, feig.

loant, lehnt.

locka, locken.

Loba, Bursche, Leba = Burschen.
luag, schaue.
luust = horcht.
lustn = gelüsten.
ma', man; ebenso wird auch oft mir ausgesprochen.
maah'n = mähen.
Maaner, Maana, Männer.
Mäu = Maul.
Mankei, Murmelthier, in felsigen Bauen lebend, daher Mankei-
 röhr'n. Mankeifranz, Murmelthierfranz.
Mauser = Geier.
Mei'! mei'?! für „du mein Gott!" oder einen ähnlichen Ausruf.
meinoad = bei meinem Eid.
Mieda, Miada = Mieder.
Miedei, Miabei, das Diminutiv von Maria.
Milli = Milch.
Mo' = Mann, wie das französische mon.
moa', wie das französische moins, meine, glaube, moan'n, meinen,
 moant's, moat's, meint ihr 2c.
Moaster = Meister.
Moba = Marder.
Muatta = Mutter.
muattasloa', ganz allein, mutterselig allein.
na = nein.
naacheter = näher.
Naagerl = Nelke.
nachatragn, nachtragn, gedenken, im schlimmen Sinn.
nachst, z'nachst, z'naaxt, zunächst, naaxt auch für neulich.
Neu, in der Jägersprache ein frischgefallener Schnee.
nett, nettet als Adverbium = richtig, accurat. ho's nett so
 gmoa't = 'hab' es gerade so gemeint.
no, je nach der Betonung nur und noch.
Noagl, noagt, Neige, neigt.
o' = an, wie das französische on: schaug' 'n o', schau ihn an;
 mit anderer Betonung auch ab.

oa', oana, oa'r, ein, einer, eines.
Doch, Dachbaam, Eiche, Eichbaum.
oaschick, einzeln.
Obstler, Obsthändler.
Oka, ein griechisches Maaß, 2½ Pfund.
Pasch = Würfel.
Pfeifei, Pfeifchen.
pfilat, behüte.
plauschn, schwätzen.
raaffa = raufen.
Raapi = Rapp, Diminutiv.
rarigist, raarste.
Rech, Rääch = Reh.
Resei, Diminutiv von Therese.
Retsl, eine Mehlspeise, Schmarren.
ro', herab.
Ruabn = Rüben.
Ruap = Ruppert.
rumpit, rumpin, rumpelt, rumpeln.
Sachan, Sachen.
Saand, Plur. von Sand, Anhäufungen von Gestein und Geröllen unter den Felswänden.
san = sind, das a wie in dem französischen sanité.
Sapprewalt für Sakrment.
Schaln für Fährte.
Schaar, Schar beim Tanze, eine Gesellschaft von Paaren, welche zusammen tanzen.
Schauer = Hagel.
schiech = häßlich, wild.
Schießet, Schießen, Scheibenschießen.
schirfer, schärfer, auch vorzüglicher.
Schlanggl, Schlingel.
schlauberisch, leichtsinnig, übereilt.
Schleifa, Schleifen, ein Theil im Falzruf des Auerhahns, während dem man ihn anspringt.

schleunt si', eilt sich.
schnacklt, schnaaklt, schnalzt.
schneibet, schnei'te.
Schneid, Muth, auch Bergrücken; schneibi', schneidig, muthig.
Schraakn, einzeln stehende oder vorspringende Felsen (Berchtesgaden).
Schroa, Schrei.
schutzt, wirft, von einem nicht heftigen Werfen, beim Tanz auch: in die Höhe schwingen.
schwaar, schwer.
Seidat, Soldat.
selles, sellas, solches, auch jenes.
selm, je nach der Verbindung damals und selbst.
Sepp, Seppi, Seppei, Joseph.
Si', Sinn.
staabt, staubt.
staad, still.
Staadei, kleiner Stadel.
steige'd, steigend.
stenga, stehen.
Stephi, Stephan.
Stoa, Stoana, stoanern, Stein, Steine, steinern.
stritti, streitig.
Stroasei, Streischen.
Suh', Sohn.
suach, suche.
Summa, Sommer.
Sunna, Sonne, Sunnaschlag, Sonnenschlag; die Holzschläge werden meistens durch dergleichen Beinamen unterschieden.
Sunnta', Sonntag.
sunst, sunstn, sonst.
taugsam, tauglich.
Tenna, Tenne.
thaat, daad, thäte.
thäats; thut; thäan, thun.
tho', wie das französische dont, gethan.

thuat, thut.
traamt, träumt, geträumt. Traam, Traum.
Trumm, Stück.
Tuscha, tuscht, buscht, Knall, knallt.
übi, übel.
umanand, herum, ringsherum.
verbraaht, verdreht, auch für falsch.
verg'halten, aufgehoben.
Verschmach, Verdruß.
verspunna, nit verspunna, pfiffig, schlau.
verwaaht, verweht.
verwind't, verwindet, verwinden, durch den Geruch wahrnehmen in der Jagdsprache.
verzoachnt, verzeichnet.
voneh, ehe.
waar, wäre.
wampet, dickleibig.
Wei', Weib, a' Wei' heißt auch eine Weile.
weitschichti', weitläufig, ausgedehnt, groß.
weni', wenig.
wiescht, wüst, häßlich.
Wilderer, Wilddieb, wildern, Wilddieberei treiben.
wini, wüthend.
wirma, wärmen.
woana, weinen.
woaß, weiß von wissen.
wohlfi, wojfi, wohlfeil.
woltern, wojtern, wohl; kommt auch als Adjectiv vor a wolterni Bix, eine gute Büchse.
zamm, zusammen.
ziegst, ziehst.
Zirbneck, ein Berg im Wimbachthal in Berchtesgaden.
Zoacha, Zeichen.
zoagt, zeigt.
Zoig, Zeug.

zozet, zottig.
Zweschbnhandler, Zwetschgenhändler.
zwoa, zwoati, zwoat', zwei, zweite.

Zu dem Gedichte „der Heuretsstoa'" ist in Betreff der Gegend und der örtlichen Verhältnisse, welche darin oft zur Sprache kommen, Nachstehendes zu bemerken. Zwischen Berchtesgaden, Bertlsgadn, und dem Bartolomä- oder Königssee liegt die Schönau. Wenn man auf dem See nach dem Jagdschlößchen von St. Bartolomä fährt, so sieht man rechts eine Reihe von steilen Felsenwänden, wovon die ausgezeichnetsten die Brenti-Wand und die Eichen-(Dacha-)Wänd heißen. Eh' man nach Bartolomä (Bartlmä) kommt, geht ebenfalls rechts ein enger steiler Graben vom Watzmann* herunter; dieser heißt Ringkennl und führt von Bartolomä auf die Alpe Kühroint, welche ober den genannten Wänden liegt. In der Nähe befindet sich der Dachalopf und nördlicher der Schapbachbohn; die Scharten (Scharte) liegt zwischen dem kleinen und großen Watzmann. St. Bartolomä liegt auf einer Landspitze am See auf einer kleinen waldigen, wildreichen Ebene, welche die Au heißt und sich in ein wildes Thal fortsetzt, wo man es im Eis nennt. Links an dem engen Thal liegen die Wände Burgstall und Hachlwand und unten am Eingang desselben das Kirchlein St. Johann und Paul. Der Weg hinein geht längs des Eisbaches und ziemlich am Ende liegt rechts am Fuße wild zerrissener Felsen die Eiscapelle. Das Thal schließt ein hohes Felsenkahr, das sogenannte Hocheis. Auf der entgegengesetzten Seite des Sees und gegen den Obersee hin liegt die Kannerwand und die Thalwand. Die Alpe Unterlana und der Heuretsstoa', Heirathsstein, liegen am Fuße des Simmetsbergs, hoch am Ende des Bartolomäsees. Die Fischunkl ist der Thalgrund hinter dem Obersee, welcher von einem Halbkreis von Bergen eingeschlossen wird.

* Der Watzmann hat eine Höhe von 9164 Fuß, die meisten umliegenden Berge sind zwischen 6000 und 7000 Fuß.
